福祉・介護・医療の現場で役立つ

イラストで
わかる

対人援助の技術

文京学院大学准教授　　文京学院大学准教授
高橋明美　　篠原純史 著

ナツメ社

はじめに

　この本を手に取ってくださった皆様は、福祉や介護、医療などの現場で対人援助職として相談者と日々向き合い、相談者に寄り添いながらより良い援助を提供しようと奮闘しておられる方々だと思います。

　相談は、相談者と対人援助職のやりとりで進んでいき、その場その場で完結します。後から「ああすればよかった」と思っても、やり直すことができません。また、結局は人と人との関わりですから正解というものはなく、「私の対応は正しかったのか」という疑問や苦悩、葛藤が常にあります。しかし正解がないとはいえ、対人援助職は専門職として相談をおこないますので、一定のレベルが保たれていなければなりません。そのためには、相談の技術が必要です。

　この本は、対人援助職の皆様がおこなう日々の相談が円滑に進むことを目的に、相談の基本的な考え方と技術を、準備から整理までの相談の流れに沿って学べるように作りました。皆様の身の回りにありそうな事例を使いながら、対人援助職と相談者の面接をイラストや会話にし、相談の技術を具体的に学んでいきます。良い例や悪い例などやチェックポイントも入れ、皆様が1人でも学べるように工夫をしています。

　この本は、大きく3つに分かれています。第1章から順に読んでいってもいいですし、特に学びたい箇所のページだけを読んでも理解できるようになっています。

　第1章から第3章では、相談を始める前の準備について説明しています。対人援助職という専門職がおこなう相談の目的や、相談を始める前

に必要な対人援助職自身の準備、相談者との信頼関係をつくるための注意点などを具体的に説明しています。

　第4章から第7章は、観察する→傾聴する→理解する→伝えるという相談のサイクルに沿って、2つの事例を中心に、対人援助職と相談者のやり取りを会話にしています。多くの会話を掲載しましたので、これらを読むことで質問の仕方や掘り下げの方法などを具体的に学べるようになっています。

　第8章と第9章は、相談を終えたあとの整理についてまとめています。

　この本の筆者は2人とも、福祉や医療の相談現場で20年以上のキャリアを積んでいます。皆様と同じように相談の難しさを日々感じ、ときには自分の無力さに涙しながら、それでも少しでも良い援助ができるようにと実践してきました。筆者らの苦い経験や現場で学んだ技術も、この本に反映しています。

　この本が、対人援助職の皆様の相談技術の向上と、相談者のお役に立つことを心から願っています。

文京学院大学人間学部人間福祉学科准教授

高橋　明美

contents

6章 理解する

7章 伝える

8章 相談者の情報を整理する

9章 自分の感情を整理する

1章

対人援助とは
何だろう

対人援助職がおこなう相談は、相談者が1人では解決できないことを支援することです。相談者は、個人ではなく、専門職としてのあなたのところに来ます。専門職として相談を受けるということはどういうことなのか考えてみましょう。

相談の目的を確認しよう

対人援助職がおこなう相談は、指導やアドバイスではありません。相談者の話を聴き、情報を整理し、相談者が問題を解決できるように支援することです。

あなた個人ではなく「対人援助職」として応える

　対人援助専門職として応じる相談は、友人や家族との間でおこなう相談とは違います。あなた個人の考えを思うままに話すことでもありませんし、アドバイスや指導、教育ではありません。相談者はあなた個人ではなく、対人援助専門職としてのあなたに相談しているのですから、専門職として応えていくことが求められます。

　相談者は、どうしてよいかわからない、話を聴いてほしい、途方に暮れているなど、さまざまな感情に押しつぶされ、自分の感情や考えが整理できない状態であなたに相談しています。いってみれば、糸が絡まってしまい、こんがらがった状態です。

　専門職がおこなう相談は丁寧に話を聴き（傾聴）、受け止めながら情報や状況を整理し、優先順位をつけながら、相談者が問題を解決できるように支援することが目的です。

相談者の気持ち

あのときああしていれば、こうならなかったかも

家族になんて言ったらいいのだろう

もうわからないやめてしまいたい

お金はどうしよう

相談者

困りごとで頭がいっぱいになっている
順序や優先順位がつけられない

対人援助職として

個人のあなた　　対人援助職のあなた

わかりやすく話を整理する
気持ちを確認する
優先順位をつけていく

相談者が訴えていることだけに捉われない

　相談者の話を丁寧に聴くことは、相談の基本です。しかし、相談者が「困った」、「どうしよう」と訴えていることと、本当に解決が必要なことが違うことも少なくありません。相談者自身も混乱の中にいるので、本当に困っていることに気づかないこともあります。相談者が訴えていることは大変大切なことですが、それはいわば氷山の一角なのです。

　相談を受ける側が焦ったり、結論を急ぐあまり、相談者の訴えに集中して対処してしまい、本当の困りごとを見過ごしてしまうこともあります。その場合は、相談者の困りごとの解決には至りません。相談者が実際に話していることだけでなく、その背景や気持ちを考えて本当に困っていることを探しましょう。具体的な方法は、この本の中で説明していきます。

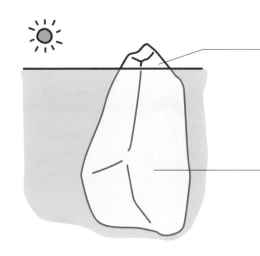

相談者が困ったと思っていること
訴えていること

本当に困っていることや解決が必要なこと
- 相談者も気づいていない
- 目の前の事象に捉われると見えない
- 原因や背景を知り、相談者と一緒に探っていく

○ それは大変でしたね

× こうしたほうがいいですよ

アドバイス

困りごとや気持ちを聴いて受け止める。

注意

自分個人の考えで話さない。
アドバイスや指導、教育ではない。

相談は相談者のペースで進める

　対人援助職が「こうしたほうがいいだろう」と思って先回りをしても、相談者の気持ちや環境が整っていなかったらうまくいきません。例えば、ゴミ屋敷で暮らしている人を援助する際に大勢で行って一気に片づけ、「さあ、きれいになりましたよ」と言っても、本人が片づけたいと思っていなければありがた迷惑ですし、すぐに元に戻ってしまうかもしれません。

　問題解決は、対人援助職の考えではなく相談者のペースに合わせていきましょう。相談者が解決したい、やってみようと思うまで、待つことが大切です。相談や支援は時間がかかることも少なくありません。

　対人援助職がやってあげるのではなく、相談者のペースに合わせて援助を展開していきます。待つことも援助の1つです。

- -

◆対人援助職が先回りをすると…

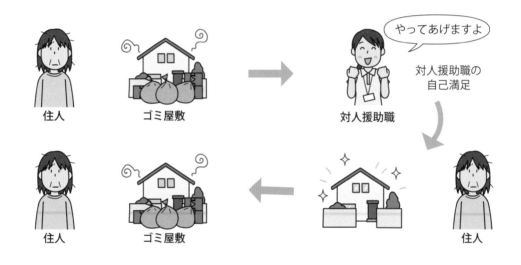

- -

◆待つことが大事

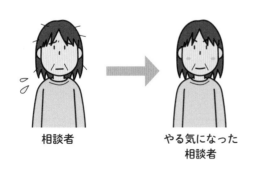

アドバイス

困りごとを解決するのは相談者。相談者がやってみようと思うまで待ちましょう。

問題を解決するのは相談者

　相談者は皆、自分の人生を生きています。今までの人生で起こったさまざまな困りごとも、自分の方法で解決してきました。しかし、今までの対処法ではうまくいかなかったり、解決方法が見つからなかったり、あるいは解決する力が一時的になくなってしまったので、対人援助職に相談することになったのです。

　問題を解決するのは、対人援助職ではなく相談者自身です。相談者の手助けをし、解決への道筋を一緒に歩いていくのが対人援助職の役割です。

　また、相談者が自分の力で解決した、乗り越えたという気持ちをもつことは、相談者自身の力となり、これからの人生にもプラスになっていきます。相談者ができることは相談者がおこなえるように援助するとともに、相談者ができないことはどうやったらできるだろうと考えながら援助していきます。

◆相談者は自分の人生を生きている

生まれる　　幼稚園　　小学生　　中学生　　高校生　　大学生　　社会人

◆自分の力で解決した気持ちは相談者の力になる

自信

問題

相談者

どうしたらできる？

対人援助職

POINT

相談者ができることは相談者ができるように援助する。相談者ができないことは「どうしたらできるか」考えながら援助する。

相談者を理解しよう

相談者の不安や抵抗感、解決への動機を理解し、それに合わせた対応をしましょう。相談者の問題を理解する前に、まず相談者その人を理解しましょう。

相談者は不安な気持ちをもっている

　相談に来ている人は、決して喜んで相談に来ているわけではありません。お金のこと、病気のこと、家族のことなど、本当だったら他の人に知られたくないプライベートなことを仕方なく相談しているのです。対人援助の専門家とはいえ、見ず知らずの人に相談するということはとても不安なことですね。また、相談して解決するだろうかという気持ちももっています。つまり、相談者の心には、相談すること自体への不安と、解決できるのだろうかという2つの不安が存在します。

　また、自分の秘密を話さなければならない、自分で解決できなくて情けないなど、相談すること自体に抵抗感をもっていることも多いのです。

　問題を理解する前に、まず相談者の不安や抵抗感を理解することから始めましょう。

相談者

相談者の動機や力を理解しよう

　相談者が困りごとを解決するには、さまざまな力が必要です。相談者の中には、心や体が弱った状態にあり、困りごとに立ち向かう気持ちや体力も残っていない人もいるかもしれません。そのときは、解決する気持ちや体力が回復するお手伝いをし、その後に解決の道筋を一緒に考えることになります。

　あるいは、ゴミ屋敷で暮らしている人のように、自分が困った状況にあることを自覚していない人もいます。自分は困っていないと思っている人や、解決する気持ちがなくなっている人を支援するときは、時間がかかることを理解しましょう。

　一方で、情報さえもらえれば自分で解決できるという相談者もいます。そういった相談者には、素早く情報を提供し、解決できたかを確認するのが対人援助職の役割となります。

　相談者がもっている力を理解するには、次ページのチェックリストなども活用しましょう。

相談者がもっている力のチェックリスト

	チェック項目	チェック
1	自分が困った状況にあることを理解している	☐
2	解決したいという気持ちがある	☐
3	他者の援助を活用したいという気持ちがある	☐
4	自分の気持ちや状況を表現することができる	☐
5	情報を自分で探すことができる	☐
6	解決方法を自分で探すことができる	☐
7	自分で解決方法を決めることができる	☐
8	自分で手続きや申請をおこなうことができる	☐
9	周囲に手伝ってくれる家族や友人がいる	☐
10	自分で解決策を実行することができる	☐
11	解決したことを理解できる	☐
12	困ったときに再度相談を申し出ることができる	☐

つらいです

手続き
してきます

　チェックがつかない項目は、相談者への支援が必要な項目です。各段階で、相談者の気持ちや状況を判断し、支援が必要かを考えていきます。

　例えば、行政機関などに申請手続きをするときは、相談者の社会的経験（書類を書いたり、連絡をしたりした経験など）によって、支援の中身が変わってきます。相談者が申請書類を書いたことがなければ、対人援助職が申請に付き添って、一緒に手続きをおこなうことが必要になるかもしれません。しかし、仕事などの経験があり、自分1人で手続きができる相談者に窓口に付き添っていくことは、その人のできることを奪っていることになります。

　また、少しお手伝いすれば、相談者が自分でできるようになるかもしれません。

　どの程度お手伝いが必要なのか、相談者を細かく理解し、それに合わせた対応をしていきましょう。

POINT

全員に同じ対応をするのではなく、相談者の不安や解決への意欲、解決する力を理解し、それに合わせた対応をする。

相談の基本的姿勢を確認しよう

相談者の良いところや強み、頑張ってきたことをまず言葉にしてみましょう。相談者を信じ、信頼関係をつくることが相談の基本です。

相談者の良いところを見つけよう

　相談者は、予想もしなかったできごとに遭遇して打ちひしがれたり、あるいは大きな怒りを抱えていたり、追い詰められた気持ちになったりと、ネガティブな感情をもって相談にやってきます。

　そのようなときに、問題点やできないところばかりを指摘されると、自尊心が低くなり、自分自身を嫌いになっていきます。また、悪いことばかり言われると、それまで抑えてきた怒りの感情を爆発させることもあります。そのような状態では、問題を解決する力も湧いてきません。

　相談者の今までの人生を振り返れば、できないことだけではなく、できたことも数多くあったことでしょう。対人援助職はできたことや頑張ってきたことなどの強み（ストレングス）を相談者とともに探し、言葉にしながら確認していきましょう。それにより、相談者は自分自身を肯定的に捉えなおして、自尊心を回復し、解決への気持ちを取り戻していきます。

◆こんなところに着目しよう

気持ちや意欲

- ○○がしたい
- △△がしたい
- 解決したいという気持ちがある

相談者

周囲の環境

- 家族がいる
- 友人がいる
- 安心できる住まいがある

性格

- 真面目
- 楽天的
- 細かいところに気がつく
- 臨機応変さがある

できること、やってきたこと

- ××という仕事をしてきた
- 趣味で○○ができる
- こんな風に困難を乗り切ってきた

信頼関係は信じあうこと

　信頼関係をつくるのは支援の基本です。相手に信頼してもらうため、自分がもっている資格やこれまでの経験を伝えたりすることもあるかもしれません。しかし、私を信頼してくださいという言葉や態度は、かえって不信感を招きます。

　信頼関係とはお互いを信頼しあうことです。一方的に相手に信じてもらうことではありません。信頼とはまず相手を信じることから始まるのです。

　対人援助職は相談者の良いところを探しながら、この人には解決する力がある、問題解決をするのは相談者自身ということを信じましょう。また、対人援助職自身が自分を信じることも必要です。自分は対人援助職として、相談者とともに問題解決に向けて努力することができるという気持ちが、信頼関係を築きます。

　そして、これらの気持ちはもっているだけでは伝わりません。この後で詳しく説明する技術を使って、気持ちを態度や言葉に変えて相談者に伝え、信頼関係をつくっていきます。

◆信頼関係をつくるまで

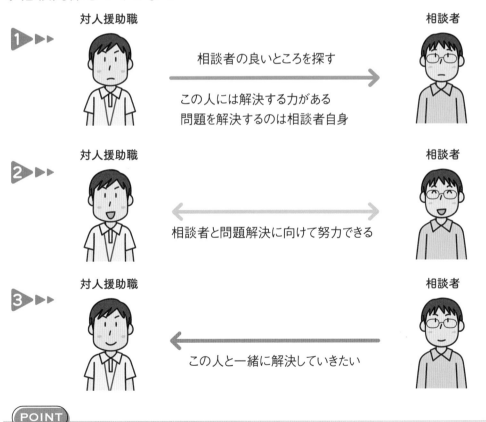

対人援助職　　　　　　　　　　　　　　　　　　相談者

1 ▶▶
相談者の良いところを探す

この人には解決する力がある
問題を解決するのは相談者自身

2 ▶▶
相談者と問題解決に向けて努力できる

3 ▶▶
この人と一緒に解決していきたい

POINT
信頼は相手を信じることから始まる。お互いに信じあうことで「信頼関係」が築ける。

対人援助にはサイクルがある

相談は、 観察する → 傾聴する → 理解する → 伝える　という流れを繰り返します。話を聴きながら、次の段階の準備をしていきましょう。

観察する → 傾聴する → 理解する → 伝える

　対人援助職のおこなう相談は、ただ話を聴くだけではありません。相談は、観察する→傾聴する→理解する→伝える　の４つの要素で成り立っており、相談している間は、それを繰り返していきます。

　つまり、相談者を観察し、話を聴いて共感しながらも、頭の中ではどんな状況にあるのか、本当はどう思っているのだろうなどと考えます。つまり、相談中の対人援助職は複数のことを同時におこなっているのです。

　相談者の１つひとつの言葉や動作を見逃さず、それを考え、相談者に確認していく作業が続きます。このサイクルを理解し、次に何をするのかを意識しながら、相談を進めていきましょう。そうすることで、相談にリズムが生まれ、解決への道筋をつくることができます。

- -

◆相談者を観察して考える

今日はどんな
ご相談ですか?

えぇ

対人援助職

眉にしわが寄っている
答えてくれたけれど
声が小さいな
何か話しにくそう
まず、気持ちをほぐす
声かけをしてみよう

相談者

◆相談のサイクル

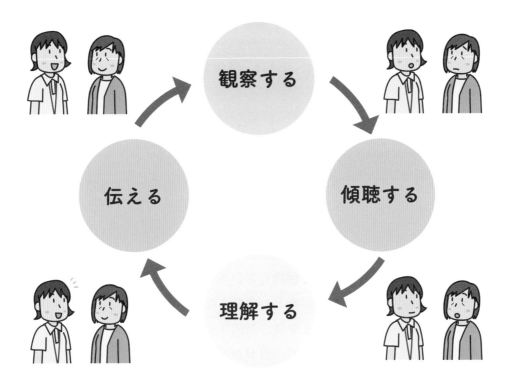

観察する	● 相手の様子を注意深く観察する ● 言語・準言語（声の大きさや高さなど）・非言語（表情や動作など）のサインを見逃さない
傾聴する	● 相手の話を聴く ● 相手が話しやすいようにうなずきや相づちを入れる ● ときおり質問をして、話の細部を確認する ● 相手の話を整理する
理解する	● 相手の話を言語・準言語・非言語のレベルで理解する ● 相手の本当の気持ちを考えて理解する
伝える	● 自分が相手の話や気持ちを理解していることを、言語・準言語・非言語を使って相手に伝える ● 自分の理解が正しいか、相手に確認する

POINT

相談している間は相談のサイクルをくり返す。

相談は自分だけでおこなわない

自分や自分の組織だけで支援ができないときは、情報を整理して、上司や適切な部署・機関につなぐことが大切です。

自分だけで対処しない

相談者は「何とかしてほしい」という気持ちで相談に来ます。対人援助職も弱っている相談者を前にすると、「何とかしてあげたい」という気持ちから、「自分で解決しなければ」と思ってしまうことがあります。

しかし、相談者は、あなた個人に相談しているのではなく、○○施設（あるいは○○病院など）で働いている対人援助職としてのあなたに相談しているのですから、あなた個人ではなく組織として相談を受け、対応することが求められています。

自分だけでは対応しきれない内容や、自分が所属する組織では扱っていない内容は、無理をせず、上司や他の部署や他の機関につなげて解決していきましょう。自分で対応できないことを引き受けることは、相談者の不利を招き、対人援助職や組織への不信につながります。

つなぐことは支援を前に進めること

せっかく自分に相談してくれたのに、他につなぐことは、相談を投げ出すことのように感じるかもしれません。しかし、それは相談を前に進めることです。社会が多様になっている現在では、相談者の問題も複雑になり、多くの人や部署・機関が連携して支援することが当たり前になっています。

相談者の問題を解決するために、自分だけで相談をおこなうのではなく、どこにつないだらうまくいくかを考えましょう。自分の機関を利用する人が使える部署や機関、サービスをあらかじめ調べておくことも、とても大切です。

相談者の話を丁寧に聴き、情報と状況を整理したうえで、自分だけで支援ができない場合は、相談者に事情を説明して了解を得ましょう。そのうえで、上司や他の機関につなげて対応していきましょう。

例えばこんなときは、「つなぐ」

○　相談の内容が複雑で、自分だけでは対応できない

例）家族から身体的な暴力を受けている

↓

慎重な聞き取りや状況判断が必要なので、上司に報告して組織で対応する

○　自分の組織ではサービス提供などをしていないので、対応できない

例）お金がなくて、利用料が払えない

↓

貧困状態かもしれないので、生活保護を担当する行政機関につなげる

○　相談者が問題に気づいていない

例）引きこもりの息子の就職先について相談したい

↓

就職以外に、生活のサポートが必要かもしれないので、担当機関につなげる

上司や他の機関につなげるポイント！

①情報を整理して伝えましょう

　相談者の情報や状況を整理して伝えましょう。P.168〜169を読み、情報整理の方法を学びましょう。

②適切な機関につなぎましょう

　相談者の問題を解決するのに、ふさわしい機関につなぎましょう。そのためには、どの機関がどのようなサービスをしているのかなどを、あらかじめ知らなければなりません。さらに、申請方法や担当者などの情報があると、スムーズにつなげられます。行政などで発行している「相談のしおり」なども、役立ちます。

③相談者の力に合わせて支援しましょう

　P.14〜15で見たように、相談者のもっている力はそれぞれ違います。機関を紹介すれば1人で相談できるのか、それとも対人援助職が先方にあらかじめ電話などで連絡を取ったほうがよいのか、あるいは対人援助職が一緒に行ったほうがよいのかなど、相談者の動機や力に合わせて支援の方法を考えましょう。

1章では、対人援助とは何かについてお話してきました。
2章以降では、下の2つの事例をもとに、どのように対人援助をすればよいのか
具体的に説明していきます。

事例1 認知症のある家族の介護をしているAさん

　　Aさん。53歳で専業主婦の女性。夫（58歳、会社員）と高校3年生の長男
（18歳）、夫の母の4人家族である。

　　夫の母であるBさん（82歳）は2年前から物忘れが目立つようになり、近く
の主治医を受診したところ認知症の診断を受けた。しかし、Bさんはその結
果にひどく怒ってしまい、それ以降は医療機関を受診していない。

　　夫は仕事で忙しいこともあり、「任せたから」と言っている。Bさんは身の
回りのことや食事、着替えにも声をかけることが必要で、Aさんが家事のほ
か、Bさんの介護もしている。

　　最近、Bさんはちょっとしたことですぐ怒り出し、また、Aさんが目を離
すと何も言わずに自宅から出て行ってしまうようになった。Aさんは、その
たびにあちこち探しに行き、なだめながら自宅に連れて帰ってきている。

　　先日もAさんが買い物に行っている間に、Bさんが外出し、自宅に帰れず
にいたところを警察に保護された。Aさんは警察から連絡を受けて慌てて迎
えに行ったが、Bさんは「なんであなたが迎えに来たの！」と怒るばかりで
あった。見かねた警察官から「地域包括支援センターへ相談してはどうか」と
言われて、困り果てて地域包括支援センターの窓口に相談に来た。

事例2 多くの困りごとを抱えた、がん患者のCさん

Cさん。66歳。専業主婦の女性。夫のDさん（72歳、定年退職後）との2人家族である。Cさん夫婦には子どもはいない。自宅は持ち家の一戸建てで、夫婦で月10万円の年金で生活をしている。Dさんの退職直後には夫婦で旅行に行くなど、活動的な生活をしていた。

しかし、1年前にDさんは脳梗塞（右半身麻痺）を発症し、自宅近くの病院で2か月間程入院した。退院前に病院の相談員から介護保険の利用を勧められたが、Dさんは「そんなものは必要ない」、「家に他人が入ってくるのは嫌だ」と話し、介護保険の申請はしていない。現在は、Cさんの献身的な介護によって、Dさんは自宅で何とか生活をしている。

ある日、Cさんはかかりつけのクリニックの健康診断で大腸がんの疑いを指摘され、自宅から少し離れた大学病院を紹介された。病院では精密検査をおこない、初期の大腸がんと診断された。病院の医師から、手術をすれば治るとの説明を受け、2週間後には入院して手術をおこなう予定となった。

しかし、Cさんから病院の看護師に「入院するのは少し待ってほしい」と話があった。

大腸がん 右半身麻痺

Cさん

Dさん
（夫）

対人援助職の向き、不向き？

　ここまで相談の心構えや基本的な姿勢をお話してきましたが、自分には対人援助職は向いていないのかもと心配になった方もいるかもしれません。また、まったく別の業界から対人援助の分野に飛び込んだ方もいらっしゃるかもしれません。そんな方は畑違いの仕事が自分にできるかなと不安になっていることでしょう。

　私ももともと1人で過ごすことが好きなタイプです。相談員になりたての頃は、相談者との面接がうまくいかなかったり、調整に失敗したりしたときなどは、私にはやっぱりこの仕事は向いていないかもしれないと落ち込み、そのたびに仲間や先輩、ときには利用者さんに励まされて、なんとか今まで相談の仕事を続けてきました。

　今では、個人的には対人援助職に向き、不向きはないと思っています。皆さんも多くの個性や魅力をもち、人生経験を積んできました。聞き上手な方、話し上手な方、リーダーシップを発揮できる方、協調性が高い方、活動的な方、静かに過ごすことが多い方・・・。

　さまざまな個性をもち、たくさんの経験を積んだ対人援助職がいることは、相談者にとっては選択の幅が広がることになります。また、相談者の支援について多角的な視点から提案することにもつながりますので、多様な人材が個性を発揮して対人援助職として活躍するのは望ましいことと考えています。

　ただし、支援をするときは個人ではなく対人援助職＝プロとして活動します。個性を発揮する前に、まず対人援助職の基本的な考え方を固めることが大切です。この本をきっかけに、多くの書物を読んだり、職場内外の研修に参加したりするなどして基礎を固め、自分の個性を発揮して相談者の支援ができる対人援助職を目指していきましょう。

高橋明美

2章

支援の準備

対人援助職が相談に応じるときは自分自身の知識や技術をもとに相談を進めていきます。そのためには、自分の考え方や行動のクセを知ったり、自分の人生を振り返ったりして、自分をよく知っておかなければなりません。

自分を知る

対人援助は、自分自身を道具として活用します。自分自身を活用できるように、考え方や行動のクセを知り、対人援助のときには意識していきます。

対人援助の道具は自分自身

　相談は直接的なケアや支援とは違い、「注射をする」とか、「オムツ交換をする」といった目に見える具体的な行為をおこなわず、手技や道具も使いません。また相談は1人で対応することがほとんどです。

　ですから、対人援助職が相談に応じるときには、自分自身の知識や技術を用いて、相談を進めていくことになります。頼りになるのは対人援助職自身です。言い換えれば、自分自身を道具にして相談を進めていくことになります。

　どんな道具でも、使いこなすには練習が必要です。また使う前には取扱説明書を読み、その道具のクセも知らなければなりませんね。相談は自分自身が道具ですから、対人援助職も自分の取扱説明書を作り、自分自身のクセ＝自分の考え方の傾向をあらかじめ知っておきます。

まず自分の人生を振り返る

　個人として生活する際は、どのような考えをもっていても、どのような考え方の傾向があっても構いませんが、自分自身を活用して相談をおこなうとなると、話は違います。

　自分の考え方の傾向に気づかないまま相談をおこなうと、特定の相談者に肩入れしたり、自分の感情をコントロールできず、相談者も自分自身も辛くなることもあります。

　相談をおこなうに当たっては、相談の道具となる自分自身について、よく知ることが必要です。これを自己覚知といいます。自分の今までの人生を振り返り、どのような考え方や行動の傾向をもっているのか自覚し、相談者と関わることが求められます。

　また、自分を知ることで、それを相談に生かすこともできます。

　自己覚知は、一度おこなえば終わりではなく、対人援助職を続ける間は、継続してずっとおこなう作業となります。

◆自己覚知に使われるツールの例

自己覚知に使うツールは、たくさんありますが、例えば自分史を作る方法があります。

相談者にどんな風に生きてこられたか、人生の道のりを聴くのと同じように、自分の人生を年表で整理していきます。

< 　自分史の例　 >

西暦	年齢	できごと	そのときの気持ち
2000年	10才	運動会で転んだ。	はずかしい。くやしい。

事例1（P.22）に対応するとき、あなたはどんな気持ちになるでしょう。

>> Aさん（53歳）の事例
専業主婦の女性。夫の母で認知症のあるBさん（82歳）を1人で介護している。Bさんが1人で帰れなくなったことをきっかけに、困り果てて地域包括支援センターの窓口に相談に来た。

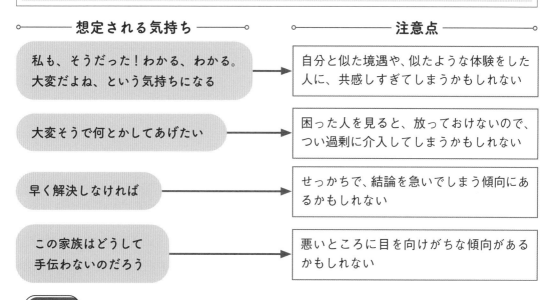

──── 想定される気持ち ────　　──── 注意点 ────

想定される気持ち	注意点
私も、そうだった！わかる、わかる。大変だよね、という気持ちになる	自分と似た境遇や、似たような体験をした人に、共感しすぎてしまうかもしれない
大変そうで何とかしてあげたい	困った人を見ると、放っておけないので、つい過剰に介入してしまうかもしれない
早く解決しなければ	せっかちで、結論を急いでしまう傾向にあるかもしれない
この家族はどうして手伝わないのだろう	悪いところに目を向けがちな傾向があるかもしれない

POINT

相談をするに当たっては、自己覚知が必要。自分の今までの人生を振り返り、考え方や行動の傾向を理解し、相談に生かしましょう。自己覚知は、継続しておこなうようにしましょう。

自分の価値観を知る

自分には自分なりの価値判断の基準があることを自覚しましょう。価値観は人それぞれ違います。

自分の価値判断の基準を知る

人が大切にしている物事はそれぞれ違い、その順位のつけ方も違います。

大切にしていること、譲れないもの、判断の基準などを価値観といいます。価値観が人の行動や言動、選択や生き方を決めているといっても過言ではありません。

価値観に正しい、正しくないはありませんし、どのような価値観をもっていても自由です。価値観の違いがその人らしさや個性となっていくのです。

一方で、相談とは、相手の価値観に触れていくことでもあります。相談者の行動や言動に、違和感や怒り、悲しみを覚えることもあります。まず、自分の価値観、価値判断の基準を自覚することで、相談をうまく進めていくことができます。あなたが大切にしていること、判断の基準にしていることを考えてみましょう。それらを言葉にしていくことも、価値観を自覚するのに有効です。

価値観は一人ひとり違う

あなたが当たり前と思っていることは、他の人にとっては当たり前でないかもしれません。あなたの地域で当たり前におこなわれている風習や活動は、他の地域ではおこなわれていないかもしれません。

例えば、あなたが普段食べている豚汁やお雑煮を思い出してみましょう。具材や切り方、味つけはどうでしょうか。おそらく、3人いれば3通りの豚汁やお雑煮があるはずです。育ってきた環境、住んでいる地域、料理の経験、好き嫌い、家族の影響などにより、具材などの違いが生まれてきます。

価値観も同様です。自分と相談者は違う経験をしているので、価値観も違っています。その違いに戸惑ったり、無理に自分の価値観をあわせたりするのではなく、価値観は違うということを前提に、相談を進めましょう。

事例１（P.22）から、衝突が起きそうな「価値観の違い」を考えてみましょう。

> **≫ Aさん（53歳）の事例**
> 専業主婦の女性。夫の母で認知症のあるBさん（82歳）を１人で介護している。怒りっぽくなったBさんが、１人で家に帰れなかったことをきっかけに、困り果てて地域包括支援センターの窓口に相談に来た。

◆家族や介護のあり方

● 家族は一緒に暮らすのが望ましい ● 子どもに面倒を見てほしい ● 子どもが親の面倒を見るのは当然だ	● それぞれが幸せな場所で暮らせばよい ● 子どもに迷惑をかけたくない ● 子どもが親の面倒を見るのは時代遅れ

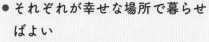

◆男性・女性の役割

● 介護は女性の役割 ● 嫁であるAさんが介護するのは当然だ	● 実子であるAさんの夫が介護すればよい ● 介護は家族で分担すべきだ

◆社会サービスの利用

● 家族が介護するのがいちばん良い ● 他人を家に入れたくない	● 介護保険料を払っているのだから介護サービスを使うべきだ ● 怒られてまで介護をする必要はない

POINT

日本では、介護を女性が担ってきたという歴史的背景があり、世代や地域によって家族の考え方も違います。あなた自身にも家族や介護に関しての考え方があるでしょう。良い、悪いではなく、価値観が違うということを理解しましょう。

専門職の価値観

対人援助職としては、個人の判断基準ではなく、専門職としての価値観で判断しましょう。専門職や職場の倫理綱領・行動基準を知り、それに基づいて判断します。

個人の価値観で判断しない

　対人援助職も個人の価値観を当然もっています。しかし、それに基づいて相談をおこなうと、対人援助職の活動ではなく、あなた個人の活動になってしまいますし、良い、悪い、好き、嫌いで援助を進めることになりかねません。さらに、個人の価値観は変わっていくので、判断の基準がゆらぎ、援助の一貫性も保てません。

　また、相談者の価値観とあなたの価値観が一致することはほとんどありません。個人の価値観で話を聴いていくと、自分だったらそうしないのにとか、理解できないと否定的な感情が出てくることがあります。そしてそのまま相談を進めると、価値の押しつけになって相談者を苦しめたり、逆に、こんなに言っているのにわかってもらえないなどという気持ちになったり、自分自身が苦しくなったりしてしまいます。

　対人援助職は、個人の価値観より専門職の価値観を優先して判断します。

◆個人の価値観を優先すると、わかりあえない

何でわかって
くれないんぞろう

価値観の押しつけ

どうせ私のことは
わかって
もらえないんだ

どうしてそんなことを？
私だったら××しますよ。
普通だったら〇〇でしょう。

対人援助職

相談者

アドバイス

専門職として
個人の価値観ではなく、専門職としての
価値観を優先させる。

注意

価値観の押しつけでは信用してもらえない。

スイッチを切り替えよう

　専門職の価値観を優先させることは、個人の価値観を捨てることではありません。対人援助職の仕事に入った瞬間に、個人から対人援助職モードにスイッチを切り替えていくのです。

　それぞれの専門職は倫理綱領とそれに基づいた行動基準をもっています。働いている職場にも、呼び方は違うかもしれませんが同様の基準があるはずです。

　対人援助職として相談をおこなう際は、これらを判断基準にします。これにより、誰がいつ相談を担当しても一貫性のある支援をおこなうことができ、対人援助職への信頼も高まります。また、あなた個人の価値観を守ることもできます。

　例えば、社会福祉士は「すべての人々を、出自、人種、民族、国籍、性別、性自認、性的指向、年齢、身体的精神的状況、宗教的文化的背景、社会的地位、経済状況などの違いにかかわらず、かけがえのない存在として尊重する」という倫理基準をもっています。

　これに基づいた行動基準として受容という項目があり「クライエントに対する先入観や偏見を排し、クライエントをあるがままに受容しなければならない」としています。そしてさらに具体的な行動として、「社会福祉士は、クライエントを尊重し、あるがままに受け止めなければならない」「社会福祉士は、自身の価値観や社会的規範によってクライエントを非難・審判することがあってはならない」というものが示されています。

　個人の価値観と専門職としての価値観を切り離し、仕事をしているときはプロフェッショナルに徹していくことで、相談を客観的に進めることができます。

◆仕事のときは対人援助職モードにスイッチオン

自由な考え　　　　　　　　　　　　　　　対人援助職としての考え方

スイッチオン！

個人の私　　　　　　　　　　　　　　　　仕事の私

POINT

対人援助職と個人、オンとオフを意識的に切り替え、対人援助職としての価値観で仕事をしましょう。専門職の倫理綱領や職場の理念、行動基準は、ホームページなどで必ず確認しておきましょう。

専門職としての態度

プロとして、冷静に対応しましょう。感情は常にコントロールし、自分の気持ちをそのまま相手にぶつけるようなことはしません。

誰にでも同じ態度で接する

相談者は千差万別で、さまざまな考えをもっています。物事を批判的に捉えることが多い人を担当すると、話を聴くのが憂鬱になり、「ああ、またあの方か・・・」と気が重くなるかもしれません。反対に、とても気が合って、話をするのが楽しみという人を担当するかもしれません。

しかし、対人援助職は相談者がどのような人でも、それに合わせて援助をしていきます。相性という言葉がありますが、対人援助職は相性が合わないとは、言えません。誰にでも同じ態度で接していくことが大切です。

とはいえ、対人援助職も人間なので、気が合うタイプ、苦手なタイプは存在します。自分のことや自分の考え方をあらかじめ知り、どのような相談者に苦手意識を感じるのかがわかっていれば、それに備えて対処することが可能となります。自分を知るについては、P.26〜27を見ましょう。

怒りや悲しみに巻き込まれない

相談者の中には、強い怒りや悲しみを抱えていて、それを対人援助職にぶつけてくる人もいます。対人援助職も人間なので、急に強く怒鳴られたり、激しく泣き出されたりすると戸惑いますね。しかし、それに巻き込まれ、安易に反応してはいけません。

対人援助職が同じように感情的になってしまうと、相談を客観的に進めることができず、解決を支援するという目的が果たせなくなってしまいます。

相談者は、あなたに怒りや悲しみをぶつけているのではなく、対人援助職という役割に、今まで抑えていた感情をぶつけているのです。対人援助職は自分の感情をコントロールしながら、相談をおこなわなければなりません。プロとして冷静に話を聴き、相談者の言葉や行動、感情や反応がどこから来ているのかを考え、相談者に対応していきましょう。

こんな態度で相談を進めましょう

①余裕をもった態度をつくる

いら立ちや焦りは相手に伝わります。あわてずに仕事に臨めるように、相談者を迎える前に、あらかじめ準備をしておきましょう。

少しゆっくり動く、静かに行動するなど、意識的に余裕をもった態度を心がけるとよいでしょう。

②相性の悪い相手でも、苦手意識をもたない

相談者の中には、急に怒り出したり、対人援助職を責めたりするような言い方をし、対人援助職が「苦手だな」「ああ、またあの人か…」と思うような苦手意識をもってしまう人もいるでしょう。

でも、「またか」、「もうわかりあえない」、「苦手だな」と思わずに、「ああ、この人はそういう考えなのか」と、背景を理解するように努めましょう。

③同じ土俵に立たない

相手が怒っているときは、特に、冷静さを保つように心がけましょう。相手の怒りに反応し、「なぜそんなことを言うのですか」、「それは私のせいではありません」などと応じても、事態は悪化するだけです。理不尽な怒りをぶつけられていると思ったら、相談者を観察し、なぜ怒っているのかその原因を探るようにしてみましょう。

相談者

対人援助職

POINT

相談者に怒りや悲しみをぶつけられたら、あなたにぶつけているのではなく、対人援助職という役割に感情をぶつけていると考え、プロとして冷静に話を聴き、相談者の感情や反応がどこから来ているのかを考え、対応していきましょう。

相手を受け入れる気持ちをもつ

相談者が、安心して相談できる環境をつくるには、わかってもらえた、という気持ちをもってもらうことが大切です。それは、まず、相手を受け入れることから始まります。

先入観をもたない

　相談者は、自分のことをわかってもらえるだろうかという、強い不安をもっています。相談者が安心し、この人なら話しても大丈夫と思ってもらうためには、対人援助職が話を聴き、それを受け入れることから始まります。

　相談者の話がとても受け入れがたいこともあるかもしれませんし、外見や雰囲気などが個性的かもしれません。また、対人援助職には、事前にその人が生きてきた道のり（生活歴）、家族関係、病気のことなどさまざまな情報が届いていることもあります。

　しかし、それに左右され、こういう人なのだろうな、○○に違いない、どうせ××だろうというような思い込みをしてはいけません。まずは、ああ、このような人生を送っていらしたのか、そんな風に感じているのだなと、相談者をそのまま受け入れいましょう。

◆ 今、ここにいるこの人を理解し、大切に考えよう

病気　経歴　仕事　外見　学歴　家族構成　障害

相談者

こんな人なんだろうなと思い込む

対人援助職

アドバイス

相談者の話をそのまま聴く
今、目の前に来た人の話を聴き、理解しましょう。

注意

どんな経験をしていても、どんな過去をもっていてもそれに基づいて判断しないようにしましょう。

良い、悪いを判断しない

　相談者を受け入れるためには、良い、悪いを判断しないことが大切です。相談者は評価や批判、指摘を求めているわけではありません。わかってほしい、話を聴いてほしいと相談に来るのです。否定された、叱られたと思ったら、その後もどうせわかってもらえないのだからという気持ちになります。

　例えば相談者の話を聴いた対人援助職が、「それはあなたのわがままですよね」と言ったらどうでしょう・・・。相談者は口を閉ざすかもしれませんし、それは違うと強く反発するかもしれません。どちらにしても、相談者はもう相談に来ないでしょう。

　また良いと伝えることも、相談者が無意識に対人援助職に認められようという気持ちになって、本当の気持ちを話せなくなる可能性もあります。相談者が自分の気持ちを自由に表現できるよう、良い、悪いを判断せずに、相談者の話を聴いていきましょう。

- -

◆良い、悪いを判断すると、相談者が本当の気持ちを話せなくなる

それは、良くありませんでしたね

対人援助職

やっぱり自分が良くなかったんだ。叱られそうだからこれ以上話したくない

相談者

それは、良いことですね

対人援助職

もっと、褒められそうなことを話そう

相談者

POINT

相手を受け入れる気持ちをもつためには、先入観をもたずに、今、目の前にいる相談者の話をそのまま聴くようにしましょう。そのとき、良い、悪いの判断をすると相談者が本当の話をできなくなるので注意しましょう。

相手に共感する気持ちをもつ

///

相手の気持ちや状況を想像しましょう。私の立場ではなく、相手の立場で考えることが共感につながっていきます。

共感は相手の立場で考えることから

　共感するというのは誰にでもできそうなことですが、実はとても難しいことです。

　人は一人ひとり違いますから、たとえ同じ経験をしたとしても、その経験から感じることや考えることもそれぞれ違います。たとえあなたが相談者と同じような経験をしていても、あなたの感じ方と相談者の感じ方は違うのです。

　そう考えると、「私も同じような経験をしました」、「あなたの気持ちはわかりますよ」と言っても、共感にはなりません。

　専門職のおこなう共感とは、相手の立場に立って相手の感情や状況を理解し、それを言語と非言語を使って伝えることです。頭で考えながらの行動なので、共感的理解ともいわれます。共感は、相手の気持ちや状況を想像するところから始まります。

事例1　Aさんの事例から考えてみましょう。

> **≫Aさん（53）の事例**
> 専業主婦の女性。夫の母で認知症のあるBさん（82歳）を1人で介護している。怒りっぽくなったBさんが、1人で家に帰れなかったことをきっかけに、困り果てて地域包括支援センターの窓口に相談に来た。

1. Aさんの状況を整理してみる

Aさんの状況	●認知症の義母を介護している ●警察官に紹介されて、地域包括支援センターに相談に来た
義母の状況	●認知症の診断を受けたが、怒って受け入れていない ●1人では着替えや食事ができず、Aさんが手助けしている ●このところさらに怒りっぽくなった ●目を離すと外に出て行ってしまう ●警察に保護された

家族の状況	●夫と息子がいる ●夫は仕事で忙しい ●介護を任せたと言われている ●息子は高校3年生で多感な時期である

2.Aさんの状況だったら、Aさんはどう感じるだろう

共感 =「共感的理解」	●自分1人で介護をしなければならないのは、毎日辛い ●家事も介護も1人でやらなければならないワンオペだ。心も体も疲れる ●怒られてばかりで、もうイヤだ ●外に出て行ったら、と思うと目を離すことができないし、気を抜けない ●また外に出て行って、事故に遭ったらどうしよう ●任されているのに十分にできなくて、申しわけない ●夫に怒られるかもしれない ●夫や息子、他の人に迷惑をかけたくない ●でも、どうして自分だけがやらなければならないんだろう

3.Aさんに共感を伝える

伝える	●お1人で今まで頑張ってこられたのですね ●お1人だけで家事と介護をされてきたとは、さぞお辛かったことでしょう ●気の休まる時間がなかったですよね

4.Aさんが自分の言葉で話し始めるのを待つ

5.Aさんが話し出したら相談の開始

✕　自分の立場で考える
- ●「わかります」
- ●「私も経験あります」

◯　相手の立場で考える
- ●「状況はどうだろう」
- ●「どんな気持ちだったのだろう」

POINT

人は一人ひとり違うので同じ経験をしていても、その経験から感じることは違います。専門職がおこなう共感は、相手の立場に立って相手の感情や状況を理解し、それを相談者に伝えることです。

相談者は一人ひとり違うことを理解する

///

同じような経験をした人でも、その内容や感じ方、解決方法はそれぞれ違います。その違いを理解し、一人ひとりを大事にして援助していきましょう。

一人ひとりを大切にする

　当たり前のことですが、人は一人ひとり違います。育った環境も、生きてきた道のりも、性格も違うので、たとえ同じ体験をしたとしてもその捉え方は違っています。また困っていることも解決方法や、支援の方法も違ってきます。

　相談者一人ひとりの違いを理解し、それぞれを大切な存在と考えることを個別化といい、対人援助をおこなう際の大切な考え方となっています。

　対人援助の仕事をしていると、前にも同じことがあった、今回も同じだろうと早合点をし、それと同じような対応をしてしまうことがあります。そのときこそ、人は一人ひとり違うということを思い出し、丁寧にお話を聴いていきましょう。

　それが一人ひとりを大事にすることにつながります。

＜具体的に考えてみよう＞

　例えば、皆さんは「運動会」と聞いてどんなイメージをもちますか？

　運動が好きだった人、嫌いだった人、それぞれ思い浮かべることは違ってきますね。

　相談も同じです。相談者も、たとえ同じできごとを経験したとしても、感じ方や考え方が違って当然です。相談は相手の気持ちや考えにそって進めていきます。

運動が好きだった人

- 楽しみ
- かけっこで勝ちたい
- にぎやか
- お弁当が楽しみ
- 練習が楽しい

運動が嫌いだった人

- 行きたくない
- リレーがいやだ
- うるさい
- お弁当なんてなければいいのに
- 練習が大変

「個別化」を事例1（P.22）で考えてみましょう。

>> Aさん（53）の事例
専業主婦の女性。夫の母で認知症のあるBさん（82歳）を1人で介護している。怒りっぽくなったBさんが、1人で家に帰れなかったことをきっかけに、困り果てて地域包括支援センターの窓口に相談に来た。

<個別化できていない相談>

Aさんは認知症の義母Bさんを
介護している

↓

あ〜、介護が大変そうだな

↓

よくある事例だし、
介護の負担を減らせばいいよね

↓

介護サービスを
入れればいいな

↓

サービスを入れるために
必要なことを聴いていこう

<個別化できている相談>

Aさんは認知症の義母Bさんを
介護している

↓

Aさんはどんな気持ちで
介護しているのだろう
Bさんは何に困っているのかな

↓

AさんとBさんの
希望は何だろう
Aさんは何をしてきた人かな
Bさんはどんな人生を送って
きた人だろう

↓

どうしたら希望に近づけるかな

↓

2人の話を聴いていこう

↓

家族の話を聴いていこう

介護負担を
減らせばいいよね

Aさんはどんな
気持ちで介護して
きたんだろう

POINT

あなたには、よくある事例であっても、その人にとっては人生の一大事です。
個別化は一人ひとりを大切にすることです。これができていないと、相手との信頼関係をつくることも、相談を円滑に進めていくこともできません。

問題を解決するのは相談者自身

対人援助職が、その人の代わりに問題を解決することはできません。相談者自身が情報や課題を整理し、解決ができるように後押ししていきます。

「やってあげる」とは考えない

　対人援助職が相談者の問題を解決することはできません。問題を解決するのは、あくまでも相談者です。

　そして、相談者と対人援助職は対等です。対人援助職が「〇〇してあげる」という考えをもってはいけません。この考えで相談を進めていくと、相談者との上下関係を生み、対人援助職が指示をするようになったり、ときには相談者が対人援助職に依存的になったりしてしまいます。そうなると、相談者は「何でもお願いしたい」という気持ちになりますし、対人援助職は頼られている自分がうれしくなり、もっとやってあげたくなってしまいます。これは、お互いに頼りあう相談者と対人援助職という不適切な関係になってしまい、注意が必要です。

　相談者自身が自分の力で解決できたという気持ちをもてるようにしていきましょう。

相談者が問題に取り組めるように支援する

　相談者が問題に取り組めるように整理し、解決に向けた環境を整えていくのが対人援助職の役割です。相談者は混乱しているので、自分の状況や困りごとを正確に把握できていないことが多いのです。状況を整理した後に解決への道筋を作っていきます（詳しくはP.124の「話を整理し理解する」を見ましょう）。

　さらに、問題の解決には動機（モチベーション）も必要です。相談者が解決したい、解決できると思えるように、相談者のできることやできたことを増やし、自分にもできるのだという気持ちを高めていくことも有効です。

　また問題解決に向けては、過去の間違いやその原因を探すよりも、相談者が今までとってきた問題解決の方法を振り返りながら、現在の問題解決やこれからに焦点を当てていくことも大切です。

「問題を解決するのは相談者自身」であることを事例1（P.22）で考えてみ
ましょう。

> **≫Aさん（53歳）の事例**
> 専業主婦の女性。夫の母で認知症のあるBさん（82歳）を1人で介護している。怒りっぽくなったBさんが、1人で家に帰れなかったことをきっかけに、困り果てて地域包括支援センターの窓口に相談に来た。対人援助職が相談に応じていくうちに、今までの気持ちを話してくれるようになった。

Aさん

今回は警察に保護されたから、よかったけれど・・・。でも、24時間見張っていることもできません。主人に言ってもどうせまた「任せた」と言って聞いてくれないでしょうし。
そうだ！相談員さんは、こういう事例をたくさん見ていますよね。1人で介護することがどれほど大変なことなのか、直接主人に話してもらえないでしょうか？

＜悪い例＞

対人援助職

わかりました。今までのご苦労やこれからのことを、私からご主人にお話してみましょう。

ありがとうございます。これで少し楽になりそうな気がします。今日、相談に来て本当によかったです。

Aさん

> 対人援助職がAさんに代わって、やってあげることになっている。Aさん自身が、夫との関係や姑の介護について、自分で解決する機会がなくなった。

＜望ましい例＞

対人援助職

今の状況を変えたいと思っていらっしゃるんですね。今までAさんは、ご主人に介護のご苦労をどんな風にお伝えになってきましたか？

そうですね。例えばすぐに怒鳴られるとか、私が休めないとか・・・。う～ん・・・。もう言うのを諦めていた感じですかね。

Aさん

> Aさんの解決への動機を強化する。過去の対処方法をAさんと一緒に振り返り、これまでとは違う新たな方法がないか、時間をかけて相談していく。

POINT

対人援助職がやってしまうと、対人援助職は、ありがとうと言ってもらえて満足、相談者はやってもらったほうが楽というお互い依存関係をつくってしまうことになります。

相談者が自分で決める

//

誰でも、自分のことは自分で決めたいと思っています。対人援助職は、相談を通じ、相談者が自分の希望や考えをまとめ、決断できるように支援します。

相談者が決められるように支援する

　自己決定とは、相談者に、あなたが決めてくださいと、いわば丸投げすることではありません。決定をおこなうには、相談者自身が自分はどんな生活をしたいのか、何を希望しているのか、どうなりたいのかということを考える必要があります。対人援助職は、相談を通じて相談者が考えを明確にしていくことを支援します。

　また、相談者の状況に応じて情報提供をしたり、ときには選択肢を提案したり、選択のメリットやデメリットを説明して、相談者が選択しやすいようにすることも重要ですね（P.164〜165参照）。さらに、決定のための話し合いの際には、自分の意見を言っても大丈夫という安心感も必要です。

　物事を決めるには時間がかかります。対人援助職は相談者を急かしたりせず、安心して決断できる環境づくりをおこないましょう。

◆情報提供などをおこない相談者とともに考える

- こんなサービスもありますよ
- こちらは○○ということが良いところです
- この場合は、××ということが考えられます

アドバイス

相談者の考えを明確にする
情報を提供したり、選択肢を作ったり、選択のメリットやデメリットを説明しましょう。

注意

相談者を急かしたりせず、安心して決断できる環境づくりをしましょう。

相談者の意思を尊重する

相談者は、専門家である対人援助職は自分より良い判断をしてくれるはずと期待しているかもしれません。ですが、対人援助職が決めてしまうと、相談者にとっては他人が決めたことなので、やらされているという気持ちになります。また、うまくいかなかったときは、やれと言われたからと責任を転嫁することにもなりかねません。それでは、相談者が自分の人生を生きているとはいえません。どの選択肢を取るかは、相談者が十分に考えて決断することが必要なのです。

対人援助職から見て、失敗が予測されたり、最善と思えない決断もあるかもしれません。しかし、それはあくまでも対人援助職の見方であり、強要や誘導はできません。

法に触れたり、他者に危害を加えたりするなど、見過ごすことのできない重大な影響が生ずる場合以外は、相談者が示した意思は最大限尊重されます。

◆相談者の自己決定を支えることは、相談者に決断を押しつけることではない

対人援助職

- あなたが決めることですから
- 自由に決めてくださいね
- あなたが決めたことに従います

×

相談者

アドバイス

決定には時間がかかる
相談者を焦らせない。決める時間を最大限長くするようにしましょう。

注意

自己決定とは相談者に、あなたが決めてくださいと丸投げすることではありません。

+α　こんなときどうする？

認知症や知的障害などで意思が示しにくい相談者には、どのように対応したらよいのでしょうか。まずは、相談者がわかるように情報を提供することからはじめます。そして、言葉だけではなく、身振り手振り、表情の変化から、意思をくみ取る努力をしましょう。また、相談者のそれまでの生活を振り返ったり、家族、他の職員と相談したりして、いろいろな見方で意思を推測することも求められます。

POINT

相談者が選択することは、自分の人生を生きることです。自分の意見を言っても大丈夫という安心感も必要です。

秘密を守る

相談者は対人援助職を信用して、誰にも話せない悩みなどを相談しています。相談者の秘密は絶対に守らなければなりません。同僚や他の職員に話すときは、相談者の了承を得ます。

相談者の秘密は絶対に守る

対人援助職は、他人の生活に大きく入り込みます。その人の過去、財産や収入、家庭の秘密、病気、ときには冷蔵庫の中身まで知ってしまう特別な仕事です。もしかしたら、本人も知らないような秘密を知ってしまうこともあるかもしれません。

対人援助職が仕事を通じて知った個人情報には、守秘義務が課せられています。相談者の個人情報や相談内容は、当然、自分の家族や友人にも話してはいけません。相談者は対人援助職を信じて秘密を打ち明けています。信頼を裏切らないために、秘密を他者に口外することは絶対に許されません。この他、電話や相談の内容を他者に聞かれないようにする、記録は鍵のかかる場所に保管するなどの配慮も必要です。

相談を通して知った相談者の情報を他の職員などに伝える必要がある場合は、まず相談者の了解を得ることが前提です。

情報収集の範囲を限定する

相談を進めていくと、「あれはどうなのだろう」、「どうしてそうなったのだろう」などと、さまざまなことを知りたくなります。しかし、その情報は援助に本当に必要でしょうか?

対人援助職の相談の目的は、相談者が問題を解決できるように支援することですので、その目的に沿った内容を聞けばよいのです。対人援助職が相談者の情報をすべて把握する必要はありません。

もし相談者から「なぜそのようなこと聞くのですか?」と問われたときに、その根拠を答えられない情報は、基本的には不要な情報と考えましょう。興味本位で聞いているつもりはなくとも、相談者には「根堀り葉堀り聞かれた」、「詮索された」という思いが残り、不信感につながります。

必要な個人情報だけを聞くように、情報収集の範囲を限定しましょう。

相談者の秘密を守るには

①他者に話さない

相談者の秘密を守るために他者に話さないことは、対人援助職が絶対に守らなくてはならない職業倫理です。

②家族に話さない

対人援助職の家族も他者です。家庭のリラックスした雰囲気で、ついうっかり話してしまうことのないように気をつけましょう。

③電車やバスの中などで話さない

電車やバス、喫茶店などでは、周りでどんな人が聞いているかわかりません。たとえ連携を取っているスタッフであっても、相談者の情報が漏れるような場所で話をすることは適切ではありません。

④相談内容を他者に聞かれないようにする

相談は相談室や他にだれもいない部屋などで、他の人から聞かれることのないよう注意しながら、おこなうようにしましょう。相談者の秘密を守るために、話をする場所を選ぶのも対人援助職の役割です。

⑤記録は鍵のかかる保管庫へ入れる

記録は相談者の個人情報が記載されているものです。記録は誰にも見られることがないよう大切に扱い、鍵のかかる保管庫へ入れるようにしましょう。

⑥相談に関係のない質問はしない

対人援助職の仕事は、相談者の問題が解決できるようにすることです。相談に関係のない情報は不要な情報です。必要のないことは質問しないようにしましょう。

⑦他の職員への情報提供は、相談者の了解を得てからおこなう

相談者の問題解決のため、他の職員と連携を取るために情報提供をする場合でも、相談者の了解を得てから、情報提供をするようにしましょう。

気をつけよう!

相談者の相談内容が虐待に関わるものであったり、自分を傷つけたり、他者に害を及ぼす場合などは、守秘義務よりも通報義務が優先されることがあります。詳しくは職場の規定を確認しましょう。

対人援助の姿勢〜バイスティックの7原則

　対人援助の基本的な姿勢を示したものとして、バイスティックの7原則があります。アメリカの社会福祉学者のフェリックス・バイスティック（Felix P. Biestek）が、対人援助職と相談者とのより良い援助関係を形成するために、7つの基本原則をまとめました。日本においても1965年に『ケースワークの原則』として翻訳出版され、対人援助職の基本姿勢として浸透しました。そして、現在では福祉分野だけではなく、医療や教育などの分野でも活用されています。

＜バイスティックの7原則＞

【原則1】　個別化の原則

相談者一人ひとりが異なる個性と価値をもち、かけがえのない大切な存在と考える。

【原則2】　意図的な感情表出の原則

相談者がネガティブな感情も含め、自分の感情を自由に表現できるように援助する。

【原則3】　統制された情緒的関与の原則

対人援助職は自分の感情をコントロールして、プロとして相談者に関わる。

【原則4】　受容の原則

先入観などをもたず、相談者のありのままの姿を受け止める。

【原則5】　非審判的態度の原則

相談者の言動や行動の良し悪しを判断しない。

【原則6】　自己決定の原則

相談者の力を信じ、相談者自身が選択・決定できるように援助する。

【原則7】　秘密保持の原則

援助関係において知り得た相談者の情報については秘密を守り、他者に漏らさない。

参考文献：『ケースワークの原則　よりよき援助を与えるために』
　　　　　F．P．バイスティック著　田代不二男・村越芳男訳　誠信書房（1965）

3章

話しやすい
雰囲気をつくる

相談者は緊張と不安をもって相談に来ます。この人なら相談
できると思ってもらえるようにするには、どんなことに注意をす
ればいいのか、見た目や話し方、表情などについて学んで
いきましょう。

あいさつと自己紹介をしよう

あいさつは信頼関係をつくる第一歩です。丁寧に温かいあいさつを心がけましょう。あいさつの後は自己紹介しましょう。

信頼関係づくりはあいさつから始まる

相談者は「どんな人が担当だろう」、「話を聴いてくれるかな」などと、緊張と不安をもって相談に来ます。あいさつは相談者の緊張をほぐし、その後の信頼関係づくりに役立ちます。また、対人援助職が先に声をかけることで、相談者は「自分に気づいてくれた」、「自分を認めてもらえた」という気持ちになります。あいさつは、相談者に対して「あなたを大事にします」というメッセージを発することでもあるのです。

事例1 Aさんの事例で見てみましょう。

> **≫ Aさん（53）の事例**
> 専業主婦の女性。夫の母で認知症のあるBさん（82歳）を1人で介護している。Bさんが1人で家に帰れなかったことをきっかけに、地域包括支援センターの窓口に来た。対人援助職は、センターのカウンターのあたりで立ち止まっているAさんに気づいた。

対人援助職

おはようございます。

手を止めて立ち上がり、相手に体を向けて会釈し、自分から声をかける。

あ、おはようございます・・。

Aさん

対人援助職

今日はどのようなご用件で・・・？

えぇ・・・夫の母の介護のことで、ちょっと相談したくて。

Aさん

義理のお母さまの介護のことですね。私はこのセンターで相談を担当している××です。よろしければお話を伺いましょうか。

～繰り返しで内容を確認。相談担当であることをはっきりと伝える。

あぁ、相談員さんなんですね。じゃあ、お願いできますか。

Aさん

はい。ではこちらへどうぞ。

～相談室の方へ体を向け、手を揃えて相談室を示して案内する。

対人援助職

温かいあいさつをするには

①手を止めて、立ち上がる。体を相手に向ける

これにより、相手は「私を受け止めてくれる」という気持ちになります。

②口角を上げる程度の「穏やかな笑顔」であいさつする

相談者の話は、深刻なことや辛い内容のことも多いです。対人援助職が満面の笑みで迎えると、深刻な話なのに、わかってもらえるのかなとかえって話しにくくなってしまいます。どのような相談にも対応できる穏やかな笑顔であいさつします。

③目の高さを合わせる

相談者が車いすを使用しているなど、対人援助職の「目」が相談者より上にあると見下ろしてあいさつをすることとなり、尊大な印象を与えます。相談者を萎縮させず、寄り添っていることを示すために、腰をかがめるなどして目の高さを相談者に合わせましょう。

④視線を合わせる

あいさつの際は、相手の目をしっかりと見てアイコンタクトを取ります。これにより、相談者を認めていることが伝わります。

⑤会釈程度に頭を下げる

言葉を発した後は軽く頭を下げます。15度くらい体を傾ける、会釈程度がよいでしょう。礼儀を守る信頼できそうな人という印象になり、その後の信頼関係にも役立ちます。

⑥時間に合った言葉を使う

時間を問わず「おはようございます」を使う対人援助の現場もありますが、相談者が違和感を覚えないよう、「おはようございます」、「こんにちは」など、時間に合ったあいさつの言葉を使いましょう。

POINT

予約や再来の相談などで、お名前がわかっているときは、意識的に名前を呼ぶと効果的です

対人援助職

こんにちは。○○さん。お待ちしていました。

あ、はい。（私のことを覚えてくれたんだ！話を聴いてくれそうだ）

Aさん

見た目を整える

見た目は第一印象に大きな影響を与えます。相談者が、この人なら相談できると思えるよう身だしなみを整えることで、その後の相談がスムースになります。

見た目が第一印象を左右する

相談者は「この人は信頼できる人かな」、「相談を任せて大丈夫だろうか」と心配しているので、出会った瞬間から対人援助職に対する情報収集、いわゆる品定めをしています。視覚情報は大きな割合を占めることから、見た目が第一印象を大きく左右します。第一印象が良くないと相談者の信頼を得るのに時間がかかります。相談者に信用してもらうためにも、まず身だしなみを整えましょう。

なお、見た目とは容姿のことではありません。清潔感と整え方がポイントです。髪がボサボサだったり、ヨレヨレの服を着たりしている人が現れても、「この人に任せてよいのかな」と不安になりますよね。髪型や服装、爪などにも気を配りましょう。

対人援助職にふさわしい服装とは

職場に制服や服装規定がある場合はそれに従い、清潔感を保つようにします。制服がない場合は、オフィスカジュアルを基準に考えます。スーツやかっちりした服装は、かえって相手に威圧感を与えることもあります。特に障害者支援や児童福祉の現場の場合は、気をつけましょう。

具体的には、男性だったら襟つきのシャツにスラックスなどがよいでしょう。女性だったらブラウスとパンツなどです。対人援助の現場では、相談者の車いすを押すなど、急に介助が発生することもあります。そのようなことにも対応できるよう、動きにくいスカートやヒールのついた靴やサンダルは避けましょう。

また、相談者の気が散らないよう、奇抜な色の組み合わせや、大きな絵柄がついた服も避けた方がよいでしょう。

◆対人援助職の身だしなみチェック

髪
- 髪色は派手ではないか
- ボサボサではないか
- 長い場合は結んでいるか

メイク
- 派手なメイクではないか
- 髭の手入れはされているか

アクセサリー
- 華美なアクセサリーをしていないか
- 危害を加えるような形状ではないか

爪
- 汚れはないか
- 短く切ってあるか
- 派手なマニキュアをしていないか

匂い
- 体臭はないか
- 香水はつけていないか
- 柔軟剤などの強い匂いがしていないか

服装
- ロゴやマーク、絵などが大きく書かれていないか
- 汚れやシミはないか
- 半ズボンやミニスカート、タンクトップなど、露出は多くないか
- 襟がある服の場合、ボタンは上まで留まっているか
- 名札はつけているか
- ポケットに物を入れすぎていないか
- 靴下（ストッキング）を履いているか

靴
- 汚れていないか
- かかとを踏んでいないか

POINT

服装や髪型は自己表現の方法です。しかし、対人援助職として仕事をする際は、相談者からどう見えるかが大切です。おしゃれな服装ではなく、信頼できるように見えるか、常識や礼儀をもっているように見えるかを相談者目線で判断しましょう。相談者は専門職としてあなたを見ています。その期待に、まず服装で応えましょう。

はじめの 30 秒を意識する

対人援助職の第一印象と、はじめの30秒がその後の相談の展開を決めていきます。相談者が答えやすい質問をおこなうことで、緊張がほぐれ、話しやすい雰囲気になります。

最初の30秒で雰囲気をつくる

　相談を始める前に、相談者の緊張をほぐして相談者が話しやすい雰囲気をつくる必要があります。本題に入る前の導入場面として、はじめの30秒を意識しましょう。

　はじめの30秒では、相談者が迷ったり、深く考えたりしなくても、気軽に答えられるような質問や声かけを3〜4個用意しておきます。天気や今日の交通手段などを尋ねたり、相談に来てくれたことへのねぎらいの言葉を言ったりしてもよいでしょう。特に相談者に「はい」と答えてもらう「イエスセット」を使うと、相談者との良好な関係づくりが進みます。

　またはじめの30秒は1対1の相談だけではなく、グループを支援する場面でも活用できます。

質問や声かけの例

①天気や天候の話題
　「昨日までの雨が止みましたね」
　「今日も暑いですね」

②約束の時間や場所までの状況を尋ねる
　「お時間は大丈夫でしたか」
　「この場所はすぐにわかりましたか」

③ねぎらいの言葉をかける
　「今日はよく来てくださいましたね」
　「遠くまで大変でしたね」

+α イエスセット（Yes Set）

相談者の「はい（Yes）」を導く質問をイエスセットといいます。相談者が支援者の質問や声かけに対して、「はい」と繰り返し応答することで、支援者に対して肯定的な印象をもち、支援者と相談者が信頼関係を構築するのに効果的です。

POINT

イエスセットをあまり繰り返すと、対人援助職には「はい」と言わなければという気持ちになったり、「言わされている」と感じたりすることもあるので、2、3回でやめ、相談に入っていきましょう。

◆こんな風に使ってみよう

例）相談者が「はい（Yes）」と答えた場合

対人援助職

こんにちは。○○さん。私は相談員の××です。お忙しいところお越しくださいましてありがとうございます。今日は相談のお時間は大丈夫ですか？

はい、お休みをもらいましたので。
相談者

対人援助職

そうですか。この場所はすぐにわかりましたか？

はい、わかりました。
相談者

対人援助職

それはよかったです。少し質問もしながら相談を進めていきたいのですがよろしいですか？

はい、よろしくお願いします。
相談者

例）相談者が「はい（Yes）」と答えなかった場合

⇒　慌てずに、「はい」が出てくる質問を作る

対人援助職

こんにちは。私は相談員の○○です。お忙しいところお越しくださいましてありがとうございます。今日は相談のお時間は大丈夫ですか？

今日は何とか、__お休み__をもらったので・・・。
相談者

対人援助職

そうでしたか、__お休み__を取られたのですね。　（繰り返して同意を求める）

はい。
相談者

対人援助職

こちらに来られるのは初めてですか？

（繰り返して同意を求める）　いいえ、__前に一度__来たことがあります。
相談者

対人援助職

__前に一度__お見えになったことがあるのですね。

はい。
相談者

53

基本的な姿勢を整える

相談者は、対人援助職の視線、体勢、動作などをよく見ています。相談者に「あなたの話を聴いていますよ」としっかりと伝わる態度を取り、相談を進めましょう。

姿勢や動作に気を配る

　対人援助職は体勢や、体の動きでさまざまなメッセージを発信しています。一つひとつを意識して、相談者が話を聴いてくれていると感じられるような姿勢や態度を常に取りましょう。例えば、対人援助職が緊張していると肩に力が入り、固い姿勢になります。こうなると緊張感が相談者に伝わり、相談者が安心して話せません。対人援助職は相談者に体を向けて、適度にリラックスした様子を示しながら、話を聴きましょう。視線を相談者の鼻や首のまわりに置くと、相談者は話しやすくなります。

　また、腕や足を組んで話を聴いていると相談者は拒絶されたように感じ、「何かいけないことを言ったかな？」「何か質問されるのかな」と不安が募ります。貧乏ゆすりやペンをクルクル回すような動作も相談者に否定的なメッセージを発することになります。相談者を不安にさせないように、無意識の動作にも気を配りましょう。

言葉遣いは敬語が基本

　姿勢ではありませんが、言葉遣いも相談の大切なポイントです。「です」、「ます」を使って敬語で話し、お名前を呼ぶときは「○○さん」と苗字をお呼びします。

　親しみを込めたつもりで、敬語を使わないという人もあるかもしれませんが、相手はお客様です。対人援助職と相談者の関係を保つよう、言葉遣いが崩れないようにします。子ども扱いをせず、相談者の年齢にふさわしい言葉遣いを徹底しましょう。言葉遣いは態度にも直結しますし、相談者やご家族からの苦情の原因にもなります。

　また、事業所内でも注意が必要です。相談者も訪れるオープンなスペースで、同僚をあだ名で呼ぶのは不適切です。常日頃から、誰に聞かれてもよいような言葉遣いをしましょう。

アドバイス

家庭訪問のときは
防寒着は玄関前で脱ぐ、靴は揃えて上がるなど、基本的なマナーを守ります。

注意

髪の毛にさわる、足をぶらぶらさせるなど無意識の動作にも気を配ります。

相談の基本的な態度とは

①体の向き

　体全体を相手に向け、話を受け止めていることを示します。椅子に座る場合は、斜めに座ったりせず、椅子全体を相手に向けて座ります。

②座る姿勢

　リラックスしていることを示そうと背もたれにどっかり体を預けると、偉そうな印象になってしまいます。背もたれには寄りかからず、こぶし1つ分くらいを空けておきます。猫背にならないように注意しましょう。両足の裏が床に着くように、座る位置を調整します。

こぶし1つ分

③聴く姿勢

　肩に力を入れずに、自然に手を膝の上に置きます。必要なときはメモを取りますが、相談者が気になってしまうので、要点をさっと書く程度にしましょう。相談者の声が小さいときや、話が進んできたときは、少し体を乗り出し聴いていることを全身で相手に伝えます。

④視線

　相談中は相手の鼻や首のあたりをぼんやりと見て、視線を相手の上半身からそらさないようにします。じっと目を見つめると話しにくくなるので、視線を合わせてアイコンタクトを取るのは、大事なことを話したり、気持ちを特に伝えたりしたいときなど、限られた場合だけにします。

⑤動作

　動作はゆっくりと丁寧にします。書類などの受け渡しは両手でおこないます。場所などは、指を揃えて手のひら全体で示します。物を置いたり、ドアを開け閉めしたりする際も、音を立てずに静かにおこないます。

⑥時間を守る

　相談者と約束した時間は守りましょう。時間を守れない対人援助職は、信用されません。たとえ数分でも遅れるときは、必ず連絡を入れます。

表情を使おう

対人援助職が表情で気持ちを伝えることで、相談者は話しやすくなります。無表情で真剣に
聴くのではなく、話の内容に合わせてふさわしい表情を作りましょう。

目元と口元を使おう

　対人援助職は、常に笑顔でと思っていませんか？相談の内容はさまざまですから、
笑顔がふさわしくないときもあります。相談者が辛い話をしているときに、対人援助
職が笑顔で話を聴いていては相談が進みません。また無表情だと冷たい印象になって
しまいます。

　相談者と自分の話の内容に合わせて、表情を作りましょう。表情は、相談を進める
ための大切な道具です。

　目元、特に、眉毛や眉間は感情をよく伝えます。眉毛を動かすことで、さまざまな
感情を表すことができます。

　口元も感情を表します。口角（口の端）を上げる、下げるだけでも、多くの感情を
伝えることができます。

まずは穏やかな表情で

　相談者はどのような相談でいらっしゃるかわかりません。相談者を迎えるときは、
どのような内容でも対応できるように穏やかな表情を作りましょう。

　これは真顔と笑顔の中間で、いわばスタンバイの顔です。ここからは、すぐに笑顔
に変えることもできますし、つらい話にあわせた表情にすることもできます。

　ポイントは、口角です。少しだけ口角を上げると穏やかな表情を表すことができます。
口角が上がると、話しやすい雰囲気になります。

　あまり口角を上げると笑顔になってしまうので、気を
つけましょう。

　マスクなどで口元が隠れてしまうこともありますが、
顔の筋肉は連動しています。見えなくても口角を上げ、
表情を作りましょう。

◆表情で共感の気持ちを伝えよう

コミュニケーションを取る際は、言語より非言語のほうがよく伝わります。

相談者の気持ちに寄り添って相談をおこなうために、表情を使いましょう。相談者が悲しんでいるときは悲しみの表情で、ニコニコとしているときは笑顔を見せて、相談を進めていきます。表情を相談者の気持ちに合わせることで、対人援助職は共感を示すことができ、相談者は私の気持ちをわかってくれていると感じます。

以下のイラストを参考に、目元、眉間、口元を使って、表情を作りましょう。

それは嬉しいことですね

- 眉毛は上げる
- 目は笑う
- 口角は上げる
- 口は開いて歯が見える

そんなひどいことがあったんですか

- 眉毛は上げる
- 眉間にしわを寄せる
- 口は閉じて口角は下げる
  あるいは、口をやや突き出す

それはお辛いことでしたね

- 眉毛は下げる
- 眉間にしわを寄せる
- 口は閉じて口角は下げる
  あるいは、軽く開けてため息をつく

それはよかった

- 眉毛は上げる
- 目を開く
- 口角は上げる

POINT

表情作りも練習！
自分の表情を観察する機会は少ないものです。普段の自分はどのような表情をしているのか、まず、鏡の前で確かめてみましょう。目元と口元を見てみましょう。
自然に表情が作れるようになるには、練習が必要です。

声を使おう

//

相談には、声も重要な道具です。声の大きさ、トーン、スピード、語調に気をつけ、相談者が落ち着いて話せるようにしましょう。

声を使い分ける

　対人援助職の声の大きさ、声のトーン、スピード、語調（話し方）によって、相談者が受ける印象や、内容の受け止め方が変わります。表情と同じように、話の内容によって声を使い分け、相談者に寄り添いましょう。

　相談者は混乱していることが多いので、聞き取りやすいようにややスピードを落とし、落ち着いたトーンで話します。また、元気がなかったり、小さな声では相手を不安にさせてしまいますから、声の大きさも大切です。表情を合わせ、声にメリハリをつけることで、相談者も話しやすくなります。

　特に電話相談の際は表情や動作でメッセージを伝えることができないので、声を意識的に使う技術がさらに求められます。

声のポイント！

大きさ	大きい	⇒威圧感がある　うるさい　デリカシーがない	小さい	⇒聞き取れない　自信がなさそうに聞こえる
トーン	高い	⇒明るい　元気　甲高くて聞きにくい　緊張しているように聞こえる	低い	⇒落ち着いている　信頼感がある　不機嫌に聞こえる
スピード	早い	⇒聞き取れない	ゆっくり	⇒聞きやすい
語調	言葉の始めや終わりが強い	⇒怒っている　怖い　語尾まではっきり話す　⇒理解しやすい	語尾を伸ばす	⇒間延びしている　⇒不自然　⇒語尾がはっきりしない　⇒理解しずらい

「声の使い方」を事例1（P.22）で考えてみましょう。

> **≫ Aさん（53歳）の事例**
> 専業主婦の女性。夫の母で認知症のあるBさん（82歳）を1人で介護している。Bさんが、1人で家に帰れなかったことをきっかけに、地域包括支援センターの窓口に来た。

> あのう・・・。今日は義理の母の介護のことで来たんですが。

Aさん

不適切な事例1　明るく、元気よく、大きな声で対応

（元気よく）

対人援助職

> おはようございます！！お母さまの相談ですね。私は相談員の○○です！よろしかったらこちらでお話を伺いましょうか！

声の大きさ、トーン、語調が相談内容に合っていないので、おおざっぱな印象を与える

> え。あ、はい・・・。お願いします。

Aさん

> 元気な人だけどデリカシーがなさそうな・・・。私の気持ちをわかってくれるかな。

不適切な事例2　声が小さく語尾がはっきりしない

（目だけをうごかし）

対人援助職

> あ、おはようございます。お母さまの相談・・・（聞き取れない）。私は相談員の○○です。よろしかったらこちらでお話を伺いましょうか？

声が小さく語尾がはっきりしていないので、自信がなさそうな印象を与える

> え。あ、はい・・・。お願いします。

Aさん

> 自信がなさそうだな。相談の経験が少ないのかも。話して大丈夫かな。

POINT

相談のときは、適度な声の大きさで、語尾までしっかりと話します。声のトーンは低いほうが落ち着いて相談を進められますが、暗い印象にならないように、表情をつけていきます。

空間を使おう

相談者が安心して話すには、空間を上手に使うことも必要です。距離や位置、相談室のレイアウトなどにも心を配りましょう。

安心して話せる環境をつくる

　相談者はプライベートなことを相談しているので、対人援助職以外には相談内容を聞かれたくないと思っています。相談室や相談コーナーに案内し、相談者のプライバシーを守りましょう。

　また、人にはそれぞれ、それ以上近づいてほしくない距離＝パーソナルスペースがあります。人によって違いますが、1メートルより近くなると、不快に感じることが多いようです。特に初めての相談の際は、1メートル以上の距離を取ったほうがよいでしょう。

　座る位置も相談者の心理に影響を与えます。対面法、直角法、平行法といった座り方がありますので、相談の内容や相談者との関係に合わせて、座る位置を決めましょう。

相談室の配置例

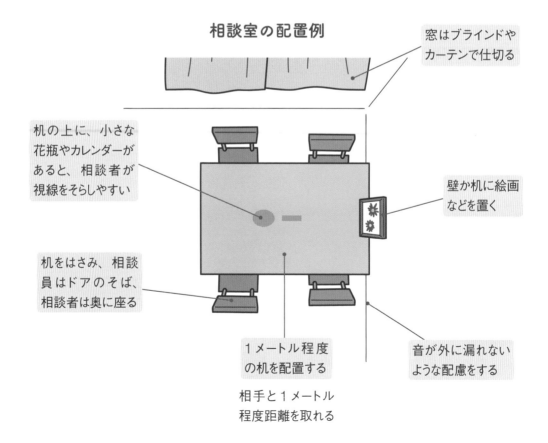

窓はブラインドやカーテンで仕切る

机の上に、小さな花瓶やカレンダーがあると、相談者が視線をそらしやすい

壁か机に絵画などを置く

机をはさみ、相談員はドアのそば、相談者は奥に座る

1メートル程度の机を配置する

音が外に漏れないような配慮をする

相手と1メートル程度距離を取れる

座り方の例

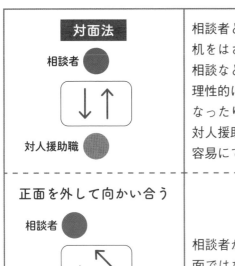 **対面法** 相談者 対人援助職	相談者と対人援助職が向き合って座ります。 机をはさみ、物理的な距離が保たれているので、初めての相談など、まだ関係ができていないときに使われます。 理性的に話を進めることができるので、契約や説明をおこなったり、苦情を受けるときなどにも使われます。 対人援助職は相談者の正面に座るので、表情などの観察が容易にできます。
 正面を外して向かい合う 相談者 対人援助職	相談者が威圧感を受けたり、緊張することもあるので、正面ではなく、位置をずらして向かい合う方法もあります。
直角法 対人援助職　相談者	相談者と対人援助職が直角に座ります。 親しみやすく、話しやすい雰囲気になります。ただ、パーソナルスペースが保たれないので、初めての相談では不向きです。また、対人援助職は相談者を観察するのが難しくなります。
平行法 対人援助職　相談者	相談者と対人援助職が並んで座ります。対人援助職と相談者が同じものを見ることができます。距離が近いので、親しみやすく、気軽に話ができます。すでに関係ができている相談者と話すときに使われます。相談者の表情などを観察することは難しいです。

POINT

こんなときは

対人援助職は、ベッドサイドや多くの人が通る場所で相談を受けることもあるでしょう。その場合もできる限りプライバシーを保つよう心がけ、内容によっては相談スペースに移動しましょう。

忘れられない初めての面接

　私は社会福祉学科を卒業してすぐに社会福祉の現場に相談員として勤めはじめました。もちろん最初からベテランだったわけではありません。新規事業の立ち上げから担当したので、先輩もおらず本当に不安でした。そして準備を進めていた新規事業がやっとはじまり、1人で家庭訪問をして面接をする日がやってきました。初めての面接に緊張するあまり、相談者の家に向かうバスの中で気分が悪くなってしまったことをよく覚えています。そのような状況でしたので、話しやすい雰囲気など、とてもつくることができず、空気が張りつめた緊張感あふれる面接となってしまいました。

　しかし、その初めての相談を進める中で、相談者が「私より大変な状況の方はたくさんいらっしゃるでしょう？」とおっしゃいました。私がとっさに「大変さはお一人おひとり違いますよね。」と答えたところ、相談者は突然涙を流して、「誰もそんなことを言ってくれなかった。もっと大変な人がいるんだから頑張れとばかり言われてきたんです。」と絞り出すように言った後、しばらく泣いていました。私は思いがけない相談者の反応に戸惑い、ただ、うなずくしかありませんでした。

　この面接が名実ともに私の相談員としてのスタートでした。自分の言葉がとっさにではなく、意図的にでるようにならなければ、相談員としては不十分だと痛感しました。そして、自分の言葉や態度が相手に与える影響や自分が受ける影響＝相互作用を実感し、知識や技術を学ぶ必要性を改めて理解したのです。相談員として30年以上が経った今でもこの初めての面接は忘れることはできず、思い出すたびに、自分は相談員として十分な知識と技術をもっているだろうかと振り返っています。

高橋明美

4章

観察する

対人援助をするにはコミュニケーションが重要な手段となります。コミュニケーションは、言葉だけではありません。声の大きさや表情なども相談者のことを教えてくれます。相談者の感情を読み取る技術を身につけていきましょう。

言語、準言語、非言語を観察する

対人援助ではコミュニケーションが重要な手段となります。コミュニケーションには、言語、準言語、非言語が使われます。

言語、準言語、非言語の重要性

　対人援助は、対人援助職と相談者との相互作用の過程であり、その過程ではコミュニケーションが重要な手段となります。コミュニケーションによって双方向に情報を伝達することで情報の共有がされ、対人援助職と相談者との援助関係が形成されます。コミュニケーションは会話だけではなく、相手とのさまざまな関わりを通して情報を共有します。対人援助の場面では、相談者の言語、準言語、非言語を同時に観察することが必要となります。

　これらのコミュニケーションをバーバル・コミュニケーションとノンバーバル・コミュニケーションに分類し、覚えておきましょう。

◆バーバル・コミュニケーション

　言語（口頭、文面、手話による単語や文章）によって表現されるコミュニケーションです。

はじめて相談に来ました。〇〇といいます

同居の家族は夫で、2人暮らしです

相談者

◆ノンバーバル・コミュニケーション

　言語以外（声のトーンや声の大きさなどの準言語、表情や身振りなどの非言語）によって表現されるコミュニケーションです。

準言語
声のトーン、声の大きさ
話す速度、言葉遣い
など

非言語
表情、視線、位置と距離
姿勢、身振り、手振り
など

相談者

メラビアンの法則

アメリカの心理学者であるアルバート・メラビアン（Merabian, A）は、コミュニケーションにおいて、話し手の言語情報、聴覚情報、視覚情報のメッセージが矛盾している場合に、聞き手にどのような情報が影響を与えるかという実験をおこないました。その結果、言語情報は7%、聴覚情報は38%、視覚情報は55%という割合で影響を与えるという結果を報告しています。

コミュニケーションは、言語によるものが中心と思われがちですが、言語以外による要素がとても重要なのです。準言語や非言語には、言語以上に情報が詰まっています。

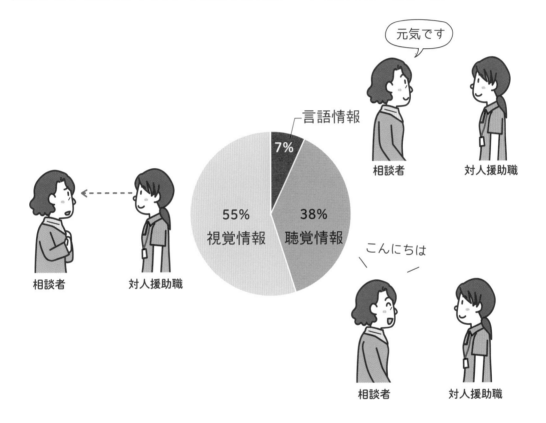

相談者から発せられる言語情報、聴覚情報、視覚情報に矛盾したメッセージがある場合、相談者の言語だけではなく、相談者から発せられる準言語や非言語にも注目して、相談者を理解することが必要です。

POINT

コミュニケーションには、バーバル・コミュニケーションとノンバーバル・コミュニケーションがあります。対人援助の場面では、相談者の言語によるメッセージだけではなく、準言語や非言語によるメッセージを観察することで、相談者の思いや感情を理解しましょう。

言語に注目する

言語によるメッセージは、対人援助の過程の中でお互いに共有され、展開されていきます。

バーバル・コミュニケーション

　バーバル・コミュニケーションは言語によるメッセージであり、口頭、文書、手話などによって表現され、言語情報として共有されます。対人援助の過程では、その情報を伝える、共有する、反応することによって、話し手と聞き手との間で支援が展開されていきます。

◆伝える

　話し手は、自らの意見や思い、考え、知識などを聞き手に言葉で伝えます。

例）
・ご相談してもいいでしょうか？
・医療費について相談したいのですが

話し手

伝える

聞き手

◆共有する

　聞き手は、話し手から伝えられた言葉を共有することで、自らの考えも整理します。

話し手

共有する

聞き手

例）
・どのような相談内容だろうか・・・
・医療費に不安があるのかな・・・

◆反応する

　聞き手は、話し手の意見に同意をしたり、不明な点などを確認するために質問をしたりします。

話し手

反応する

聞き手

例）
・詳しくお聞かせいただけますか？
・医療費に関するご相談ですね。

事例2（P.23）から、「言語によるコミュニケーション」についての理解を深めましょう。

> **≫ Cさん（66）の事例**
> 初期の大腸がんと診断され、医師から2週間後に入院して手術をするように告げられた。Cさんが、看護師に「入院して手術をするのを少し待って欲しい」と伝えると、病院の相談窓口を紹介され、Cさんは相談窓口を訪ね、対人援助職に声をかけた。

① 伝える

Cさんは、自身の考えを対人援助職に言葉で伝えました。

Cさん

> 入院して手術をするのを少し待っていただけませんか？
> （言語によるメッセージ）

② 共有する

対人援助職は、Cさんの考えを共有し、自らの考えを整理しました。

> Cさんは、なぜ入院・手術を少し待ってほしいと
> 考えているのだろうか・・・。
> 何か不安なことがあるのではないか？

対人援助職

③ 反応する

対人援助職は、Cさんについて不明な点を確認するために質問しました。

> 入院して手術するのを少し待って欲しいとお考えなんですね。
> お時間があれば、お話をお聞かせいただけますか？

対人援助職

POINT

　対人援助の過程では、言語情報を伝える、共有する、反応することによって、対人援助職と相談者との支援が展開されます。

準言語に注目する

準言語に注目し、相談者を観察することで言葉では表されない感情を読み取ることができます。

準言語

　ノンバーバル・コミュニケーションのうち、有声で表現されるものが準言語によるメッセージであり、聴覚情報として共有されます。対人援助職は、声のトーン、声の大きさ、話す速度、声の高さ、相談者の言葉遣い、語調などの準言語によるメッセージを観察することで、言語では表現されない相談者の思いを理解します。

　同じ言語であっても、声のトーンが高いと他者に明るい印象を与え、声のトーンが低いと他者に落ち着いた印象を与えます。そのため、相談者が「大丈夫です」と言っていても、相談者から発せられる準言語によって、その言語の意味合いは変わります。対人援助職は相談者の言語だけではなく、準言語から本当は大丈夫ではないのではないかと考え、相談者の考えを確認することで、本当の思いを理解していきます。

例)

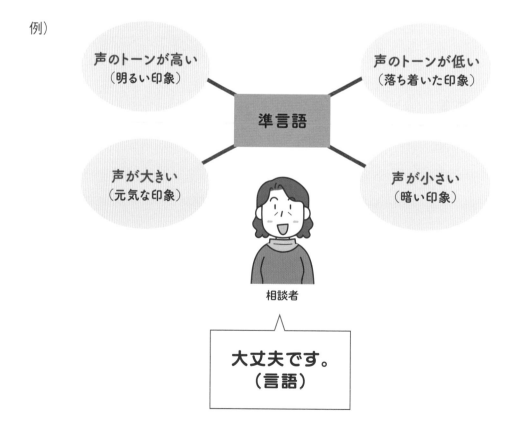

声のトーンが高い
（明るい印象）

声のトーンが低い
（落ち着いた印象）

準言語

声が大きい
（元気な印象）

声が小さい
（暗い印象）

相談者

大丈夫です。
（言語）

事例2（P.23）から、「準言語によるコミュニケーション」についての理解を深めましょう。

> ≫ Cさん（66）の事例
> 初期の大腸がんと診断され、医師から2週間後に入院して手術をするように告げられた。Cさんが、看護師に「入院して手術をするのを少し待って欲しい」と伝えると、病院の相談窓口を紹介され、Cさんは相談窓口を訪ね、対人援助職に声をかけた。

Cさん

> 入院して手術をするのを少し待っていただけませんか？
> （言語によるメッセージ）

声が小さい

準言語の
観察

声のトーンが
低い

対人援助職はCさんの「入院して手術をするのを少し待って欲しい」という言語によるメッセージだけではなく、Cさんの声が小さい、声のトーンが低いといった準言語によるメッセージにも注目し、Cさんの思いを丁寧に確認する必要があると感じました。そこで、Cさんに次の声かけをおこないました。

> 入院して手術するのを少し待って欲しいとお考えなんですね。
> お時間があれば、お話をお聞かせいただけますか？

対人援助職

POINT

準言語よるコミュニケーションには、声のトーン、声の大きさ、話す速度、声の高さ、言葉遣い、語調などがあります。準言語によるメッセージは、言語では表現されない相談者の思いを理解することを助けます。

非言語に注目する

非言語は言葉はまったく使いませんが、対人援助の場面で相手をよく観察をしていると、非常に多くのことを伝えてくれます。

非言語

　ノンバーバル・コミュニケーションのうち、無声で表現されるものが非言語によるメッセージであり、視覚情報として共有されます。非言語によるメッセージは、聞き手に大きな影響を与えます。ここでは、対人援助職の相談者の非言語によるメッセージの観察のポイントについて、時間的行動、空間的行動、身体的行動、外観に分類して紹介します。

◆**時間的行動**
- 予約時間：予定より早く来る。予定より遅れて来る。
- 終了時間：早く面接を終えたがる。終了時間になっても面接を終えたがらない。
- 話題に入るまでの時間：長い。短い。
- 話をする総時間：多い。少ない。
- 質問への反応時間：早い。短い。沈黙が続く。

◆**空間的行動**
- 対人援助職と相談者との距離感：近い。遠い。
- 座る位置：正面。斜め。隣同士。

◆**身体的行動**
- 視線：凝視する。視線を合わさない。
- 姿勢：腕を組む。頬杖をつく。身を乗り出す。
- 表情：無表情。顔をしかめる。笑顔。泣く。
- 身振り：手真似で説明をする。うなずく。肩をすくめる。
- 接触：触れる。握手する。

◆**外観**
- 服装：派手。地味。だらしない。きちんとしている。
- 髪型：よく変わる。だらしない。よく手入れをしている。
- 化粧：している。していない。濃い。薄い。

事例2（P.23）から、「非言語によるコミュニケーション」についての理解を深めましょう。

>> Cさん（66）の事例
初期の大腸がんと診断され、医師から2週間後に入院して手術をするように告げられた。Cさんが、看護師に「入院して手術をするのを少し待って欲しい」と伝えると、病院の相談窓口を紹介され、Cさんは相談窓口を訪ね、対人援助職に声をかけた。

Cさん

入院して手術をするのを少し待っていただけませんか？
（言語によるメッセージ）

対人援助職

非言語の観察
● 眉間にしわを寄せている
● 困った表情をしている
● 時計を見て、時間を気にしている

対人援助職は、Cさんが「眉間にしわを寄せている」「困った表情をしている」といった非言語から、Cさんには何かお困りなことがあるのではないかと感じ、さらにはCさんが「時計を見て、時間を気にしている」様子から、帰りを急いでいることを感じました。そこで対人援助職は、Cさんの時間について配慮しながらも、詳しくCさんの気持ちを聴きたいことを伝えました。

入院して手術するのを少し待って欲しいとお考えなんですね。
お時間があれば、お話をお聞かせいただけますか？

対人援助職

POINT

　非言語によるコミュニケーションには、時間的行動、空間的行動、身体的行動、外観があります。非言語によるメッセージは、聞き手に大きな影響を与えます。

対人援助職も観察されている

相談は対人援助職だけが相談者を観察しているのではありません。お互いが観察しているのです。対人援助職が自らの準言語、非言語を意識するポイントについて紹介します。

観察されているのは対人援助職も同じ

　対人援助は、対人援助職と相談者の相互作用によって展開されるため、対人援助職は相談者を観察するだけではなく、常に相談者からも観察されていることを自覚する必要があります。対人援助職も多くのことを相談者に伝えているのです。

◆表情

　対人援助職が相談者の話を聴くときには、相談者が話す内容に応じた表情で聴き、対人援助職が相談者に何かを伝えるときには、発言内容と一致した表情で伝えましょう。

いいですね

◆視線

　視線を合わせることで相談者が話し続けるのを促すことができますが、視線を合わさないことで相手を無視していると伝えてしまいます。また、目を凝視されると相談者は緊張するため、適度に視線をはずし、緊張感や圧迫感を与えないようにします。視線の向け方はP.78も参考にしましょう。

◆位置と距離

　人には他者に近づかれると不快感を覚える一定の空間（パーソナルスペース）があります。相談者が緊張しないように、相談者の座る位置や距離に気を配りましょう。

◆姿勢・身振り・手振り

　相談者の話にうなずくことで、話を聴いているというメッセージを伝えます。また、相談者より対人援助職の体格が大きい場合は、前かがみになるなどし、相談者に威圧感を与えない姿勢を取りましょう。身振り・手振りは自分を大きく見せる行動になりますので注意が必要です。

◆語調・言葉遣い

　落ち着いた温かみの伝わる話し方を心がけます。話す速度、声の大きさ、声の高さなどに気を配り、言葉遣いが崩れないように、敬語を使いましょう。

◆外見・身だしなみ

　相談者に不快感を与えないように外見を整え、清潔感のある身だしなみを心がけましょう。

事例2（P.23）から、「対人援助職も観察されている」ことの理解を深めましょう。

> ≫ Cさん（66）の事例
> 初期の大腸がんと診断され、医師から2週間後に入院して手術をするように告げられた。Cさんが、看護師に「入院して手術をするのを少し待って欲しい」と伝えると、病院の相談窓口を紹介され、Cさんは相談窓口を訪ね、対人援助職に声をかけた。

観察されている →

自らの準言語・非言語を意識した関わり →

対人援助職　　　　　　　　　　　　　　　　　　　　Cさん

対人援助職は、Cさんにとって相談しやすい雰囲気や、Cさんが対人援助職から大切に思われていることを感じられるように、Cさんの視線に合わせ、温かみの伝わる話し方を心がけるなど、自らの準言語・非言語を意識した関わりをおこないました。

NG

・無表情。ふさわしくない場面での笑顔。
・視線を合わせない。凝視する。
・相談者に身体を向けない。背を向ける。
・腕や脚を組む。ふんぞり返って背もたれに寄りかかる。
・相談者の話に反応（うなずきなど）しない。
・声が大きすぎる。声が小さすぎる。早口で話す。
・不快感を与える外見。清潔感のない身だしなみ。

POINT

対人援助職は相談者を観察するだけではなく、常に相談者からも観察されていることを自覚し、自らの準言語・非言語を意識した関わりをおこなうことが必要です。

電話相談の難しさ

　対人援助におけるコミュニケーションには、対面、電話、メール、手紙などのさまざまな手段があります。中でも電話による相談は、多くの対人援助の場面で活用される手段です。電話相談は、相談者にとって人目を気にせず相談できる、相談機関に行かなくても相談できる、遠方からも相談できるなどの多くのメリットがあります。

　第4章では観察する技術について言語だけではなく、準言語や非言語に注目することをお伝えしてきました。非言語の重要性を理解された皆さんは、電話では、相談者の非言語を観察できない！　とお気づきになったかもしれません。その通りです！　非言語を観察できない電話はとても難しいコミュニケーションの手段なのです。電話相談の留意点を理解して、効果的な相談をおこないましょう。

【電話相談の留意点】

・相談内容を正確に把握するために事前にメモの用意をします。相談に集中できる静かな場所や内容が他者に漏れない場所でおこないましょう。

・対人援助職から相談者に電話をかける場合には、かける時間帯に配慮します。最初に「お時間よろしいですか？」と尋ね、相談者が電話できる状況かを確認しましょう。

・相談者の準言語に注意を払いましょう。相談者からの相談内容を繰り返し、とくに相談者から感情の表出があった場合には、適切に言語的メッセージで返答しましょう。

・継続した相談が必要な場合には、電話だけではなく、対面で相談する機会が得られる方法を探りましょう。

・電話を終えるときには、相談者が電話を切ったことを確認してから静かに電話を切りましょう。

篠原 純史

5章

傾聴する

相談者は不安をもって相談に訪れます。相談者に緊張感を
もたずに話してもらうにはどうすればいいのでしょうか。相談
者の話をよく聴き、相談者の困りごとを解決するために必要な
ことを話してもらう技術を学んでいきましょう。

聴く姿勢を作る

相談者はさまざまな不安を抱えて相談に訪れます。相談者が不安感や緊張感をもたないように話すことができるようにするにはどうすればいいでしょうか。

相談者が不安を感じないように

相談者には相談室に訪れる不安、慣れない環境で面接する不安、自身の相談が受け入れてもらえるかどうかの不安があります。このような不安や緊張を和らげ、話しやすい雰囲気をつくるためには、対人援助職の聴く姿勢や相談室などの物理的環境が重要となります。

◆聴く姿勢

対人援助職は、相談者が「話を聴いてもらえている」「この人に相談しても大丈夫」と大切にしてもらえていると感じることができる姿勢を意図的に作る必要があります。

姿勢には、壁をつくらず、相手に心を開いているオープン・ポジション（開いた姿勢）と、相手を拒否しているクローズド・ポジション（閉じた姿勢）があります。オープン・ポジションで、相談者に聴く姿勢を伝えましょう。

オープン・ポジション （開いた姿勢）	クローズド・ポジション （閉じた姿勢）
● 相談者に身体を向ける	● 横を向き、半身に構える
● 背もたれを使わない	● 椅子に浅く座り、背もたれに寄りかかる
● 猫背にならずに姿勢よく座る	● 左右どちらかに曲がった姿勢
● 腕や脚を組まない	● 腕や脚を組む、机に肘をつく
● やっていることの手を止める	● ポケットに手を入れる

◆オープン・ポジション
（開かれた姿勢）

・大切にしてもらえている！
・話を聴いてもらえている
・この人に相談しても大丈夫だ

対人援助職　　相談者

◆物理的環境

座る位置については、対面法、直角法、平行法があり、それぞれの座る位置に特徴があります（P.61参照）。

相談者の状況に応じて、さまざまな座る位置が取れるような机や椅子の配置、その他にも以下のような物理的環境を整えることが理想です。

不要

5章

傾聴する

物理的環境とは

照明：相談者の表情や態度、反応が観察できる明るさ

色調：相談者が落ち着く色調の壁紙（クリーム色など）や家具

装飾：相談者の視線の逃げ場となるようなカレンダーや絵画の配置

椅子：座りやすい高さ、体が沈まない立ち上がりやすい柔らかさ

机　：車椅子での使用が可能な高さと幅

空調：冷暖房の設備

換気：窓の設置、換気の設備

プライバシー：相談者のプライバシーが守られる防音や目隠し（ブラインド、カーテンなど）

広さ　：複数の相談者の来所にも対応できるゆとりのある空間　　など

POINT

相談者の不安や緊張を和らげるために、対人援助職の聴く姿勢を整えるとともに、物理的環境を整えることが大切です。

77

視線に気を配る

視線に気を配ることは、面接技術の1つです。対人援助の中で、視線に気を配ることがどのような意味をもつのか見てみましょう。

面接技術としての視線

　人は、好意のある人や興味のあるものに対しては自然と視線がいきます。対人援助においても視線に気を配ることは重要な面接技術となります。対人援助職は、相談者の視線を観察し、相談者の非言語なメッセージに気を配ります。また、相談者は対人援助職からの視線を向けられることで、話を聴いてもらえているなどの感情が得られます。

◆視線の向け方

　視線の向け方は、相談者の目を直接見るのではなく、鼻や口のあたりをぼんやりと見て、視線を相談者からそらさないようにしましょう。相談者の目を凝視することは、相談者に緊張感や圧迫感を与えてしまうので、注意が必要です。

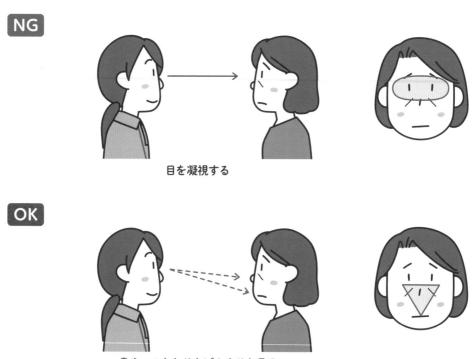

NG

目を凝視する

OK

鼻や口のあたりをぼんやりと見る

◆アイコンタクトの活用

　アイコンタクトは、双方向におこなわれるノンバーバル・コミュニケーションの1つです。サッカーなどのスポーツで選手同士の意思表示をおこなう際にも活用されます。

　対人援助職がおこなう面接においても、アイコンタクトを効果的に活用することで相談者に信頼感などを与えます。アイコンタクトは常におこなうのではなく、面接の中で大事な場面や、相談者に特に伝えたい場合などに限って活用しましょう。長時間のアイコンタクトは相談者に緊張感や圧迫感を与えてしまうため、短時間（さりげないアイコンタクト）での活用が効果的です。

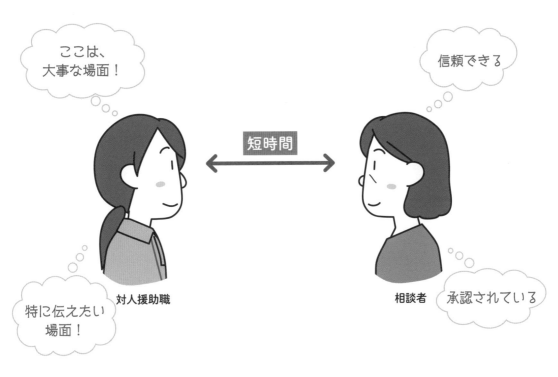

> **POINT**
>
> 面接では、視線の向け方やアイコンタクトを効果的に活用しましょう。

相手に気持ちを合わせる

//

対人援助職が支援をおこなうためには、相手に気持ちを合わせて、共感することが必要です。
そのためには、日ごろから共感の練習が必要です。

心のストレッチング

　対人援助職が相談者を理解し、支援をおこなううえでは、共感的理解を高める必要
があります。その第一歩として、共感の準備をおこないましょう。対人援助職として、
日頃からトレーニングしておくことが大切です。ここでは、対人援助職が相談者の状
況について考えるトレーニングとして、予備的共感（Anticipatory Empathy）を紹介
します。

予備的共感

①同一化

　相談者が経験してきたことを想像します。相談者に起きた出来事から、相談者
がどのような経験をしてきたのかを、相談者の立場になって思いをめぐらします。

②取り込む

　相談者に起きている出来事が、今の自分に起きたとしたら、どのようなことを経
験し、どのような気持ちになるのかを考えます。

③振り返る

　相談者が置かれている状況について、これまでの自分の人生でもっとも近い経
験を思い出し、そのときの気持ちを思い出します。

④離れて見る

　相談者が抱えている状況を、一歩離れて全体を見渡し、直感的に何が見える
のかを考えます。

上記の1〜4をおこなったうえで、自分の隣に相談者がいたら、相談者はどのよう
なことを思うかを考え、対人援助職としてどのようなことに気をつけて接するかを
考えます。

参考文献：Alex Gitterman & Carel B. Germain『The Life Model of Social Work Practice 3th Edition』（2008）

事例2（P.23）**から、「相手に気持ちを合わせる」ことの理解を深めましょう。**

> **≫ Cさん（66）の事例**
> 初期の大腸がんと診断され、医師から2週間後に入院して手術をするように告げられた。Cさんが、看護師に「入院して手術をするのを少し待って欲しい」と伝えると、病院の相談窓口を紹介され、Cさんは相談窓口を訪ね、対人援助職に声をかけた。

対人援助職は、Cさんとの面接前に、予備的共感をおこないました。

Cさんは、がんと告知されて混乱しているのではないか？

Cさんは、家族のことや、お金のことを心配しているかもしれない。

私のときは、家族に心配させないように気にしていたな・・・。

Cさんは、やっとの思いで声をかけてくれたのではないか？

対人援助職

やっとの思いで声をかけてくれたCさんに対して、話しやすいような雰囲気をつくり、接しよう。

病気だけではなく、他にも不安なことがあるかもしれない。まずはCさんの思いを理解するように努めよう。

POINT

対人援助職が相談者を理解し、支援をおこなううえの共感的理解を高める第一歩として、共感の準備をおこないます。その方法として予備的共感があります。予備的共感は、対人援助職が想像を働かせるためにおこないますので、「相談者はこういう人だ」と先入観をもったり、「こうに違いない」と断定したりするためのものではありません。

相手に合わせる（ペーシング）

相手の動きや話す速度などを合わせることによって、警戒心が薄れます。相手に合わせることも対人援助職の技術の1つです。

波長を合わせよう

互いの気持ちや意思が通じ合っていることを「波長が合う」といいます。「類は友を呼ぶ」ということわざがあるように、気の合う人や似通った人同士は、自然に寄り集まって仲間をつくります。人は互いの共通点を意識することで、一体感、安心感、親近感が沸き、相手への警戒心などが薄れます。

互いの共通点を意識

一体感、安心感、親近感
（警戒心が薄れる）

対人援助職と相談者との信頼関係の構築では、意図的な波長合わせが大切となります。面接場面における波長合わせには、ペーシングとミラーリングがあります。これらは、ノンバーバル・コミュニケーションを用いて、信頼関係を構築するためのスキルです。

ペーシング

対人援助職が相談者の話し方や呼吸などを合わせることをペーシングといいます。
　例）呼吸のパターン・リズム、話す速度・リズム・抑揚、声の大きさ・トーンなどを合わせる

ミラーリング

対人援助職が相談者の姿勢や動きなどを真似ることをミラーリングといいます。
　例）表情、姿勢、視線、身体の動き、目の動き、まばたき、うなずきなどを真似る

◆ペーシング

● 呼吸のパターン・リズムを合わせる

　人は呼吸をするとき、肩・胸・腹部が動きます。相談者の微かな動きを観察し、呼吸のパターンやリズムを徐々に近づけましょう。

● 話す速度・リズム・抑揚を合わせる

　話す速度・リズム・抑揚は、人や状況に応じて変わります。相談者がゆっくりと話す場合には、対人援助職もその速度に合わせて話しましょう。逆に、相談者が早口で話をする場合には、対人援助職は歯切れよく話しましょう。

● 声のトーンを合わせる

　声のトーンは、人の感情を表現します。相談者が明るく、高めのトーンで話しているときには、対人援助職もそのトーンに合わせて話しましょう。逆に、相談者が暗く低めのトーンで話しているときには、対人援助職は落ち着いたトーンで話をしましょう。

相手の真似をする（ミラーリング）

ペーシングの他にも、相手の動作に合わせて親しみやすい雰囲気をつくり出すことができる方法があります。

ミラーリング

　ミラーリングは、鏡に映ったように、仕草や姿勢を真似ることをいいます。

　人には自分と似た人に好感や親しみを抱きやすい類似性の法則があります。ミラーリングは、対人援助職がその特性を活用し、相談者の動きを真似ることで、類似性を意図的につくり出すスキルです。

| 手の位置 | 座る姿勢 |

相談者の動きを観察して、さりげなく真似る

対人援助職

| 身体の動き | まばたき |

相談者

POINT

対人援助で活用されるミラーリングでは、相談者が真似されていると気づいたり、わざとらしくならないように、さりげなく、自然におこないましょう。また、相談者のすべての仕草や姿勢を真似る必要はありません。

事例2（P.23）から、「ペーシングやミラーリング」についての理解を深めましょう。

> ≫ Cさん（66）の事例
> 初期の大腸がんと診断され、医師から2週間後に入院して手術をするように告げられた。Cさんが、看護師に「入院して手術をするのを少し待って欲しい」と伝えると、病院の相談窓口を紹介された。Cさんが相談窓口を訪ねると、対人援助職が相談室に案内した。

Cさんの非言語・準言語を観察し意図的な波長合わせをおこなう（ペーシング・ミラーリング）

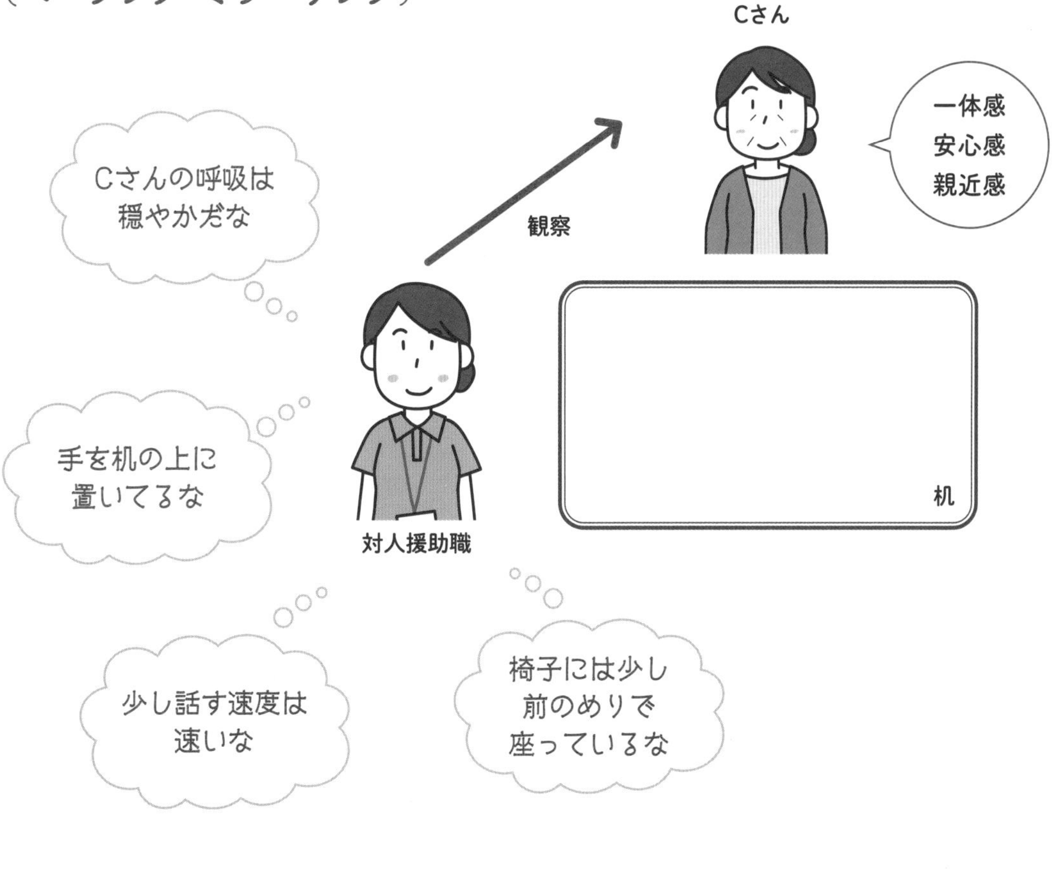

Cさん

一体感
安心感
親近感

Cさんの呼吸は
穏やかだな

観察

手を机の上に
置いてるな

机

対人援助職

少し話す速度は
速いな

椅子には少し
前のめりで
座っているな

POINT

ペーシングでは、対人援助職が相談者の呼吸のパターン・リズム、話す速度・リズム・抑揚、声のトーンなどを観察し、合わせましたが、ミラーリングでは、対人援助職が相談者の姿勢や動きなどを観察し、真似ます。これらを対人援助職が意図的におこなうことで、相談者は、対人援助職と一体感、安心感、親近感を抱き、信頼関係が構築されます。

自分の判断をもち込まない

//

相談者を受け入れるためには、良い、悪いを判断しないことが大切です。相談者は指導や批判、指摘を求めているわけではありません。

個人としての価値観 VS 対人援助職としての価値・倫理

　対人援助職は、相談者の行動や考えに対して、善悪の判断をしません（P.35参照）。バイスティックの7原則（P.46参照）の1つに非審判的態度の原則があります。相談者は審判されることへの恐怖心や、自分の問題に罪悪感をもっていることがあります。対人援助職が非審判的態度で相談者と向き合うことが、こうした相談者の恐怖感や罪悪感の軽減につながります。

　対人援助職は、個人としての価値観によって相談者と向き合うのではなく、対人援助職としての価値・倫理により、相談者と向き合うことが求められます。そのためには、対人援助職は、各専門職で定められている倫理綱領などを拠り所にしましょう。また、対人援助職自身が自己覚知（P.26～27参照）をし、自身の感じ方や考え方の傾向を理解することも大切になります。

- -

NG

審判的態度

対人援助職

〇〇するべきだ！

個人の価値観

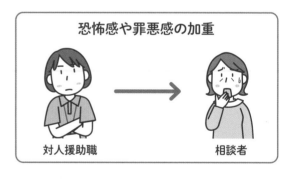

恐怖感や罪悪感の加重

対人援助職 → 相談者

OK

非審判的態度

対人援助職

倫理綱領を
拠り所にする

対人援助職の
価値・倫理

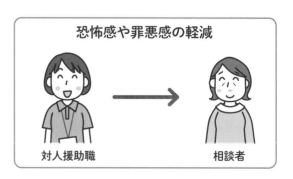

恐怖感や罪悪感の軽減

対人援助職 → 相談者

事例2（P.23）から、「非審判的態度」について理解を深めましょう。

> **≫ Cさん（66）の事例**
> 初期の大腸がんと診断され、医師から2週間後に入院して手術をするように告げられた。Cさんが、看護師に「入院して手術をするのを少し待って欲しい」と伝えると、病院の相談窓口を紹介された。Cさんが相談窓口を訪ねると、対人援助職が相談室に案内した。

NG 例

 Cさん 入院して、手術をするのを少し待って欲しいのですが・・・。

 対人援助職 確か、2週間後には入院して手術の予約が入っていますよね？

 Cさん はい・・・。申しわけありません。

 対人援助職 Cさんには入院して手術をすることが今はいちばん大切なことですよ。

 Cさん それは先生からも説明いただいて、わかっているのですが・・・。

 対人援助職 それなら、どうして入院・手術を待って欲しいなんておっしゃるんですか？

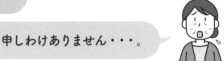 Cさん 申しわけありません・・・。

OK 例

 Cさん 入院して、手術をするのを少し待って欲しいのですが・・・。

 対人援助職 入院して手術をするのを少し待って欲しいとお考えなんですね。

 Cさん はい・・・。せっかく予約してもらったのに・・・。

 対人援助職 Cさんにとって何かご不安なことがあるようですね。

 Cさん はい・・・。そうなんです。

 対人援助職 お時間があれば、こちら（相談室）でお話をお聞かせいただけますか？

 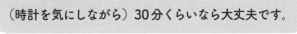 Cさん （時計を気にしながら）30分くらいなら大丈夫です。

相手の感情を大切にする

人が感情を抱いてそれを表出することはメッセージになります。
相談者が感情を素直に表現できるようにすることも対人援助職の役割の1つです。

感情を表現できるようにする

　人には、喜び、期待、怒り、嫌悪、悲しみ、驚き、恐れ、信頼など、さまざまな感情があります。人がこれらの感情を抱き、それを他者に表出することは、何かしらのメッセージとなります。対人援助職には、相談者に関心をもち、相談者の感情を否定したり、審判したりすることなく、まずは相談者の感情をありのままに受けとめようとする姿勢が大切になります。また、対人援助職は、相談者が泣きたいときや怒りをあらわにしたいときには、それが表現できるように助けます。対人援助職は、相談者が話しやすい環境や雰囲気を整え、相談者に対して言語・準言語・非言語メッセージを活用し、あなたの感情を大切に思っていることを伝えることが大切です。

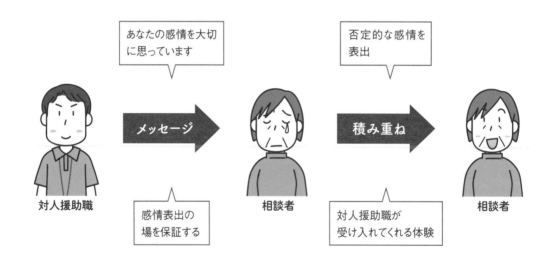

あなたの感情を大切に思っています

メッセージ

感情表出の場を保証する

対人援助職

相談者

否定的な感情を表出

積み重ね

対人援助職が受け入れてくれる体験

相談者

POINT

　バイスティックの7原則（P.46参照）の1つに意図的な感情表出の原則があります。相談者が否定的な感情を抑圧している場合には、心理的混乱が増すことがあります。対人援助において、対人援助職が相談者に感情表出の場を保証することが大切です。相談者が否定的な感情を表現しても、対人援助職がそれを受け入れてくれるという体験の積み重ねが相談者に安心感を与えます。

否定的な感情から本当のニーズを理解する

　怒りや悲しみといったさまざまな否定的な感情には、問題の中核となる相談者の本当はこうしたい・こうありたい、という思いが隠されています。相談者の感情の表現と分かち合いが、単に対人援助職が知りたいことに相談者が答えるのではなく、対人援助職が相談者の本当のニーズを理解することにつながります。

悲しみ

憎しみ

怒り

失望感

嫌悪感

不安感

孤独感

劣等感

相談者

喪失感

否定的な感情

本当のニーズ
（こうしたい・こうありたい）

アンビバレントな感情を理解する

　相反する感情や考え方を同時に抱いていることをアンビバレントといいます。対人援助において、相談者は「問題解決のための行動を取りたい」といった思いと、「新たな試みは不安。よし！このままでいよう」といった思いを同時に抱くことがあります。対人援助職は、相談者に両方の感情が同居している状態を理解したうえで、相談者のこうしたい・こうありたいという気持ちを拡大していくように働きかけます。

POINT

　対人援助職は、相談者の感情を大切にし、相談者の感情を大切に思っているメッセージを伝え、感情表出の場を保証します。

自分の感情をコントロールする

対人援助の仕事をしていると、相談者から感情をぶつけられたり、非難されたりすることもあります。そんなときにはどうすればいいのでしょうか。

冷静な対応がとれないとき

対人援助では、対人援助職が相談者に怒りをぶつけられたり、理不尽に非難されたりすることも少なくありません。その場合、対人援助職の感情が刺激され、相談者の感情にのみ込まれてしまうことで、冷静な対応を取れないこともあります。

冷静な対応が
取れない

対人援助職

理不尽な非難

メッセージ

怒りの言動

相談者

◆理不尽な非難・怒りの言動 例

あなたが『〇〇に相談に行け』と言ったから行ったのに。散々な目に遭いました。

相談者

対人援助職

私は行けとは言っていないのですが・・・。

あんたが言ったんです！でなければ、あんなところに私は行きませんでした!!

相談者

・・・・

対人援助職

なんで黙っているのですか？

相談者

えぇ・・・。あの・・その・・・・

対人援助職

もういいです!!（立ち上がり、退室される）

相談者

・・・・

対人援助職

◆統制された情緒的関与の原則

バイスティックの7原則（P.46参照）の1つに統制された情緒的関与の原則があります。この原則は、対人援助職が相談者の感情をコントロールすることではなく、対人援助職が自身の感情を理解し、それをコントロールしたうえで相談者と関わることです。

感情のコントロール

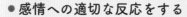

統制された情緒的関与

- 感受性をもち、感情を理解する
- 感情への適切な反応をする
- 自己覚知をする

対人援助職

対人援助職

◆自分の感情をコントロールする

対人援助職が自分の感情をコントロールするには、相談者に対する感受性をもち、感情を理解すること、相談者の感情に適切に反応することが必要となります。また、自分の感じ方や考え方の傾向を理解する自己覚知が欠かせません（P.26〜27参照）。

◆上司への報告と組織での対応

相談者の理不尽な非難や怒りの言動に対して、対人援助職が自分の感情をコントロールするだけでは解決できない状況もあります。その場合には、対人援助職が自分1人で対応しようとするのではなく、これまでの対応の記録を取り、上司へ報告・連絡・相談しましょう。

また、対人援助職が所属している組織での対応も検討することが必要です。組織で対応する際には、対応者が迷ったり、1人で抱えこんだりしないような判断基準、すなわちどのようなときに、誰が、誰に、何を、どのように、報告・連絡・相談するかを設け、対応のマニュアルを整備しておくことが大切です。

POINT

対人援助職の感情が刺激され、相談者の感情にのみ込まれてしまうことで冷静な対応を取れないときには、対人援助者が自身の感情を理解し、それをコントロールすることが必要です。

うなずきと相づち

相談者の話を聴くときには、効果的な反応をすることが大切です。その方法を見ていきましょう。

意識的なうなずきと相づち

　相談者の話に積極的に耳を傾け、寄り添いながら話を聴くことを傾聴といいます。傾聴の基本的なスキルとして、相談者に安心感を与え、話しやすい雰囲気をつくるためにうなずきや相づちがあります。対人援助職が、うなずきや相づちを意識的におこなうことで効果的な傾聴となります。

◆うなずき

　うなずきは、首を縦に振る非言語的な反応です。この動作は、対人援助職が相談者の話を聴いています、ということを目に見える形で伝える重要なサインとなります。相談者は、対人援助職のうなずきを確認しながら話をしていきます。対人援助職のうなずきが明確でわかりやすいことで、相談者も安心して話を続けることができます。対人援助職は、相談者のペースに合わせて、わかりやすく、ゆっくりとうなずきます。

◆相づち

　相づちは、「はい」「ええ」「そうですね」などの言語的な反応です。うなずきの動作を基本として、相づちも入れることで、効果的な傾聴となります。相談者の話す内容や様子に合わせて、声の大きさやトーン、タイミングなどを工夫します。相談者を見ずに相づちをしたり、相づちを連呼したりするなどは相談者に不快感を与えるため、注意しましょう。

NG
・相談者を見ない
・相づちを連呼する
・大げさな相づち
・話にかぶせての相づち

はい、はい、はい、はい
（相づちの連呼）

えええ え!!!!
（大げさな相づち）

不快感

対人援助職　　相談者

事例2（P.23）から、「うなずきと相づち」についての理解を深めましょう。

> **≫ Cさん（66）の事例**
> 初期の大腸がんと診断され、医師から2週間後に入院して手術をするように告げられた。Cさんが、看護師に「入院して手術をするのを少し待って欲しい」と伝えると、病院の相談窓口を紹介された。Cさんが相談窓口を訪ねると、対人援助職が相談室に案内した。

・相談室に移動をして対人援助職はCさんと面接をはじめる。

対人援助職

私はこの病院で相談員をしている〇〇と申します。まずは、Cさんが当院に来られるまでのお話をお聞かせいただけますか？

はい・・・。毎年、自宅近くのクリニックで健康診断を受けていまして・・・。2週間程前にも健康診断を受けたんです。

Cさん

対人援助職

ええ。（ゆっくりとうなずきならが、相づちをうつ）

そこで、大腸がんの疑いがあるって言われて、こちらの病院を紹介していただきました。

Cさん

対人援助職

そうですか。（ゆっくりとうなずきながら、相づちをうつ）それで当院を紹介していただいたのですね。

（下を向き、元気なく、肩をすぼめる）今日は先日受けた検査の結果を聞きに来たんですが・・・先ほど先生から『大腸がん』と説明を受けて・・・。

Cさん

対人援助職

そうですか。（ゆっくりとうなずきならが、相づちをうつ）Cさんは、ご自宅近くのクリニックから当院を紹介され、先ほど先生から検査の結果について説明があったのですね。

POINT

相談者に安心感を与え、話しやすい雰囲気をつくるために、うなずきや相づちを意識的におこないましょう。

内容を繰り返す

//

面談の中で相談者の話した内容を効果的に繰り返すと、対人援助職と相談者の理解を深めることができます。

繰り返し技法

　相談者の話した内容を繰り返すことを繰り返し技法（オウム返し）といいます。面接の中で繰り返し技法を活用することで、対人援助職が相談者に対して関心があることや相談者の話を理解したことを示したり、対人援助職と相談者の双方の理解やコミュニケーションを深めたりすることができます。

　繰り返し技法では、相談者の話した内容をそのまま繰り返す方法と、要約して繰り返す方法があります。そのまま繰り返す方法では、相談者の話した内容を確認するときに活用します。相談者は話を聴いてもらえた、理解してもらえた、と感じます。要約して繰り返す方法では、相談者が理解してもらえた、と感じる以外にも、相談者が自分の考えを整理することにもつながります。

　繰り返し技法では、相談者のすべての言葉を繰り返すのではなく、内容を深めたいときや、対人援助職と相談者の間で特に共有したいときに活用すると効果的です。

ご相談があって来られたのですね。どのような内容か、お聞かせいただけますか？

（繰り返し技法）

今日は、相談があって来ました。

聴いてもらえてる！

理解してもらえた！

対人援助職　　　相談者

**双方の理解や
コミュニケーションの促進**

事例2（P.23）から、内容を繰り返すことの理解を深めましょう。

> **≫ Cさん（66）の事例**
> 初期の大腸がんと診断され、医師から2週間後に入院して手術をするように告げられた。Cさんが、看護師に「入院して手術をするのを少し待って欲しい」と伝えると、病院の相談窓口を紹介された。Cさんが相談窓口を訪ねると、対人援助職が相談室に案内した。

・相談室に移動をして対人援助職はCさんと面接をはじめる。

対人援助職

私はこの病院で相談員をしている○○と申します。まずは、Cさんが当院に来られるまでのお話をお聞かせいただけますか？

Cさん

はい・・・。毎年、自宅近くのクリニックで健康診断を受けてまして・・・。2週間程前にも健康診断を受けたんです。

対人援助職

ええ。

Cさん

そこで、大腸がんの疑いがあるって言われて、こちらの病院を紹介していただきました。

対人援助職

そうですか。それで当院を紹介していただいたのですね。（そのまま繰り返す）

Cさん

（下を向き、元気なく、肩をすぼめる）今日は先日受けた検査の結果を聞きに来たんですが・・・。先ほど先生から「大腸がん」と説明を受けて・・・。

対人援助職

そうですか。Cさんは、ご自宅近くのクリニックから当院を紹介され、先ほど先生から検査の結果について説明があったのですね。（要約して繰り返す）

POINT

繰り返し技法を活用することで、相談者に対して関心があることや相談者の話を理解したことを示しましょう。

感情の言葉を繰り返す

対人援助をするときに、相談者が言葉にした感情を繰り返すことで、相談者は自分の感情を
より深く認識することができるようになります。

感情反射

　相談者が言葉にした感情を伝え返すことを感情反射といいます。対人援助職は相談
者の感情（喜怒哀楽）を敏感に感じとったうえで、どのように感じとったかを相談者
へ伝え返すことで、相談者への共感を示すことができます。対人援助職の反応によっ
て、相談者は自分の感情をより深く認識することにつながります。相談者が言語的に
感情を表現した際には「〇〇と感じられたのですね」と言語で反応しましょう。

　傾聴は相談者の気持ちに沿って積極的に聴く姿勢を示すことです。そこで大切なこ
とは、相談者を受け入れている態度や理解していることを示し、相談者の気持ちに共
感し、それを言葉にしていくことです。相談者の語る出来事だけに注目するのではな
く、相談者の感情にも注目し、反射することは、相談者の共感的理解につながります。

◆出来事への反射

昨晩、育児のことで
夫と喧嘩をして・・・
それからずっと
イライラしてて

育児のことで
旦那さんと喧嘩
されたのですね

（出来事の繰り返し）

相談者　　　　対人援助職

◆感情への反射

昨晩、育児のことで
夫と喧嘩をして・・・
それからずっと
イライラしてて

旦那さんとの
喧嘩で、イライラされて
いるのですね

（感情の繰り返し）

相談者　　　　対人援助職

事例2（P.23）から、感情の言葉を繰り返すことの理解を深めましょう。

> **≫ Cさん（66）の事例**
> 初期の大腸がんと診断され、医師から2週間後に入院して手術をするように告げられた。Cさんが、看護師に「入院して手術をするのを少し待って欲しい」と伝えると、病院の相談窓口を紹介された。Cさんが相談窓口を訪ねると、対人援助職が相談室に案内した。

対人援助職

先生から検査の結果について説明があったのですね。

はい・・・。先生からのお話では、2週間後に入院して手術をすれば良くなると言われたんですが・・・。

Cさん

対人援助職

入院して手術をすれば良くなると言われたのですね。（出来事を繰り返す）

でも・・・。先生から「大腸がん」と言われて、本当に驚いてしまって・・・。

Cさん

対人援助職

それは驚かれますよね。（相談者の感情を繰り返す）

はい・・・。これまで健康診断も毎年受けていましたし、まさか自分が「がん」になるなんて思いもしなかったので・・・。先生のお話を聞きながら、頭が真っ白になってしまって・・・

Cさん

対人援助職

頭が真っ白になられたのですね。（相談者の感情を繰り返す）
Cさんは先生からのお話を聞かれた後、こちらの相談窓口にお越しになったのですね。

POINT

相談者が言葉にした感情を伝え返すことを感情反射といいます。相談者が言語的に感情を表現した際には「○○と感じられたのですね」と言語で反応しましょう。

沈黙の使い方

沈黙が生じると、何か話さないといけないと焦ってしまうことがありますが、沈黙も相談者にとって必要な表現です。

沈黙を怖がらない

　沈黙が苦手な人は少なくありません。どうしても沈黙が生じると「何か話して沈黙を破らないといけない・・・」と焦ってしまうことがあります。沈黙の背景によって、対人援助職は、反応を使い分ける必要があります。

　沈黙に気まずくなって、対人援助職から沈黙を破ってしまうことで、その場しのぎのことを言ったり、無理に別の話題にするなどし、相談者の考える時間を奪ってしまうこともあります。すぐに沈黙を破ろうとするのではなく、沈黙の背景を理解したうえでの対応が必要です。

　相談者が気持ちを整理して話し始めるのを待ちますが、待つ間の態度に気をつける必要があります。相談者から集中をそらさないように、包み込むような視線を向け、穏やかな表情と落ち着いた気持ちで待ちましょう。ただ、あまりにも沈黙が長くなると、対人援助職も相談者も心理的に疲弊します。沈黙が長く続く場合には、相談者にとって話しやすい話題から話し始められるように促しましょう。

事例2（P.23）から、「沈黙の使い方」の理解を深めましょう。

> **Cさん（66）の事例**
> 初期の大腸がんと診断され、医師から2週間後に入院して手術をするように告げられた。Cさんが、看護師に「入院して手術をするのを少し待って欲しい」と伝えると、病院の相談窓口を紹介された。Cさんが相談窓口を訪ねると、対人援助職が相談室に案内した。

Cさん

先生からの説明の後、看護師さんに「入院するのを待って欲しい」と話したら、こちら（相談窓口）を教えていただいて・・・。

対人援助職

それでこちらにお越しいただいたのですね。入院するのを待って欲しいというCさんのお気持ちをお聞かせいただけますか？

Cさん

・・・（沈黙）

対人援助職

・・・（Cさんに包み込むような視線を向け、Cさんの言葉を待つ）

Cさん

ええ・・・っと。2週間後に入院して手術をした方がいいことは私もわかっているのですが・・・。すいません。気持ちの整理がついていなくて・・・。

対人援助職

そうですか。お気持ちの整理がついていないのですね？

POINT

沈黙には必要な沈黙もあり、相談者が対人援助職からの質問に対して、その内容を理解し、どのように返答しようか考えてる時間でもあります。相談者の考える時間を大切にし、慌てずに沈黙をしっかりと受け止めましょう。

5章

傾聴する

自分のことを話す

対人援助をおこなうときに、自分自身のことを話すことは相手に対して信頼していることを伝えることになります。

自己開示

　自分自身のことを他者にありのままに話すことを自己開示といいます。自己開示は、他者に対して信頼していることを伝えるメッセージとなります。相談者は、対人援助職の自己開示によって警戒心が和らぎ、親しみを感じることができます。対人援助職が自己開示をすることで、相談者が対人援助職への親しみや信頼感が高まり、相談者自身も自分のことを知ってもらいたいという気持ちが生まれ、自己開示してくれるようになります。自己開示は、相談者との関係性を考慮し、相談者の負担にならない内容にしましょう。

親しみ・信頼感

ええ。私はとても寒がりなので、大変です。

今日はとても寒いですね。

そうなのですね！

対人援助職　　相談者

例）

今日はとても寒いですね。 相談者

ええ。私は寒がりなので、大変です。（自己開示） 対人援助職

そうなのですね。 相談者

○○さんは寒いのは平気ですか？ 対人援助職

私も寒いのは苦手で、寒いよりも暑いほうが得意です。（自己開示） 相談者

自己開示の留意点

対人援助において自己開示をおこなう場合、一方的なメッセージや内容が深いメッセージは、相談者に警戒心や負担感を与えるため、注意が必要です。

◆一方的なメッセージ

対人援助職が、一方的に次々と相談者にメッセージを送ることは避けましょう。相談者の反応を観察し、相談者に負担をかけないように注意する必要があります。

◆内容が深いメッセージ

自己開示の内容には深さのレベルがあります。相談者との関係性を考慮しながら、内容の深さを考慮する必要があります。面接の開始時には、趣味や嗜好、休日の過ごし方などのように当たり障りのない内容を伝えましょう。

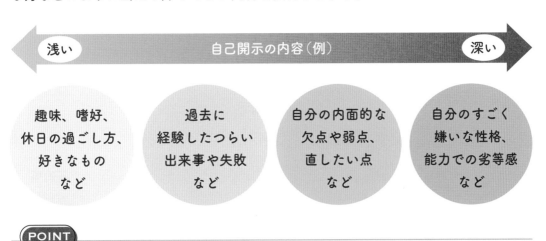

POINT

自己開示とは、自分自身のことをありのままに話すことです。相談者は、対人援助職の自己開示によって、相談者は警戒心が和らぎ、親しみを感じることができます。自己開示の留意点に注意しながら、効果的に自己開示をおこないましょう。

閉ざされた質問を使う

「はい」「いいえ」で答えられる質問は、閉ざされた質問と呼ばれます。相談者が答えやすい質問です。

閉ざされた質問

　対人援助職が相談者に対しておこなう質問には、閉ざされた質問（クローズド・クエスチョン）と開かれた質問（オープン・クエスチョン）があります。

　閉ざされた質問は、相談者が「はい」「いいえ」や答えの決まっている一言で答えられる質問です。閉ざされた質問では、相談者が深く考えず答えることができます。面接の開始時や事実情報を得るとき、理解力に課題があったり、表現したりすることが苦手な相談者とのコミュニケーションに効果的です。

　事実情報を得るときには、対人援助職から相談者への一方的な会話にならないように気をつけましょう。連続して使用することで、相談者は尋問されているような圧迫感を抱いてしまいます。また、対人援助職の想定内の回答以上には情報が得られないため、開かれた質問（オープン・クエスチョン）を織り交ぜたり、質問の仕方を工夫したりしましょう。

閉ざされた質問
（クローズド・クエスチョン）

深く考えずに
答えやすい

はい／いいえ

対人援助職　　　相談者

NG

連続して使用すると
尋問調になる

閉ざされた質問

閉ざされた質問

対人援助職

圧迫感

相談者

◆面接の開始時

面接の開始時に相談者の緊張を和らげたいときに効果的です。天気の話題、約束の時間や場所までの状況、来談されたことへのねぎらいの言葉をかけます。

対人援助職

こんにちは。〇〇さんですね？

はい、〇〇です。

相談者

対人援助職

本日はお越しいただき、ありがとうございます。
今日はお車でお越しですか？

はい。車で来ました。

相談者

対人援助職

相談室の場所は、すぐにわかりましたか？

はい。

相談者

◆事実情報を得るとき

確認を取る必要がある内容の事実情報を得るときに効果的です。

対人援助職

〇〇さんのご家族は、ご両親と妹さんの4人ですか？

はい。4人で暮らしています。

相談者

対人援助職

〇〇さんは、〇〇会社にお勤めなのですね？

はい。〇〇会社で経理の仕事をしています。

相談者

対人援助職

妹さんも、お仕事をされていますか？

いいえ。妹は半年前に仕事を退職して、休職中です。

相談者

POINT

閉ざされた質問は、相談者が「はい」「いいえ」や答えの決まっている一言で答えられる質問です。閉ざされた質問では、相談者が深く考えず答えることができます。

103

開かれた質問を使う

対人援助をするときには、開かれた質問も使います。開かれた質問は相談者が自由に答えられるような質問です。

開かれた質問

　対人援助職が相談者に対しておこなう質問には、閉ざされた質問（クローズド・クエスチョン）と開かれた質問（オープン・クエスチョン）があります。

　開かれた質問は、相談者が自由に答えることができる質問です。相談の本題に入るときや、対人援助職が相談者の情報を広く得たいとき、相談者が考えや気持ちを整理し、自分の言葉で表現してもらいたいときに効果的です。

　開かれた質問では、会話を広げ、多くの情報を得ることができたり、相談者の考えや気持ちを理解したりすることができます。その反面、相談者に回答の負担がかかったり、対人援助職と相談者の関係性によって得られる情報が変わったり、相談の本題と逸れてしまうことがあります。繰り返し技法や沈黙を意図的に活用したり、閉ざされた質問を織り交ぜたりするなどの工夫をしましょう。

開かれた質問
（オープン・クエスチョン）

自由に
答えられる

私は〇〇だと
思います

対人援助職　　　相談者

注意！

答えるのが
負担

**関係性によって
得られる情報が変わる**

開かれた質問

対人援助職　　　　　　　　　　　　相談者

①相談の本題に入るとき

例）

対人援助職

> 本日は、どのようなご相談で来られたのかお聞かせいただけますか？

> 私のことではなく、父のことで相談したくて・・・。

相談者

②情報を広く得たいとき

例）

対人援助職

> お父様のご相談ですね。それは、どのようなご相談でしょうか？

> 数年前から物忘れがひどくなって、介護サービスを利用したいのですが・・・。ただ、父は介護サービスの利用を嫌がると思うのです・・・。

相談者

③相談者が考えや気持ちを整理し、自分の言葉で表現してもらいたいとき

例）

対人援助職

> お父様が嫌がると思われるのは、何か理由がおありなのですか？

> 前に一度、デイサービスに行くことを提案したのですが、そんなところには行きたくないの一点張りで・・・。

相談者

POINT

開かれた質問は、相談者が自由に答えることができる質問です。開かれた質問では、相談の本題に入るときや、対人援助職が相談者の情報を広く得たいとき、相談者が考えや気持ちを整理し、自分の言葉で表現してもらいたいときに使用します。

効果的に質問する

これまで、閉ざされた質問と開かれた質問について学んできました。どのようにしたら効果的に質問できるのでしょうか。

閉ざされた質問と開かれた質問の特徴を理解する

対人援助職が相談者に対しておこなう質問には、閉ざされた質問（クローズド・クエスチョン）と開かれた質問（オープン・クエスチョン）があります。

ここでは、2つの質問の特徴、効果的な場面、留意点を理解しましょう。

	閉ざされた質問	開かれた質問
特徴	●相談者が深く考えずに、「はい」「いいえ」や答えの決まっている一言で答えられる質問	●相談者が自由に答えることができる質問
効果的な場面	●面接の開始時 ●事実情報を得るとき ●理解力に課題がある相談者とのコミュニケーション ●表現することが苦手な相談者とのコミュニケーション	●相談の本題に入るとき ●対人援助職が相談者の情報を広く得たいとき ●相談者が考えや気持ちを整理したいとき ●相談者に自分の言葉で表現してもらいたいとき
留意点	●一方的な会話にならないように気をつける ●連続して使用しない ●想定内の回答以上には情報が得られない	●相談者に回答の負担がかかる ●対人援助職と相談者の関係性によって得られる情報が変わる ●相談の本題と逸れてしまうことがある

織り交ぜる

閉ざされた質問
（クローズド・クエスチョン）

開かれた質問
（オープン・クエスチョン）

はい／いいえ

私は○○だと
思います

対人援助職　　　　相談者

事例2（P.23）から、「効果的に質問する」ことの理解を深めましょう。

> ≫ Cさん（66）の事例
> 初期の大腸がんと診断され、医師から2週間後に入院して手術をするように告げられた。Cさんが、看護師に「入院して手術をするのを少し待って欲しい」と伝えると、病院の相談窓口を紹介された。Cさんが相談窓口を訪ねると、対人援助職が相談室に案内した。

先生からの説明の後、看護師さんに「入院するのを待って欲しい」と話したら、こちら（相談窓口）を教えていただいて・・・。

Cさん

対人援助職

それでこちらにお越しいただいたのですね。入院するのを待って欲しいというCさんのお気持ちをお聞かせいただけますか？（開かれた質問）

（沈黙）ええ・・・っと。2週間後に入院して手術をしたほうがいいことは私もわかっているのですが・・・。すいません。気持ちの整理がついていなくて・・・。

Cさん

対人援助職

そうですか。お気持ちの整理がついていないのですね？（閉ざされた質問）

はい・・・。

Cさん

対人援助職

ご病気の説明を受けたばかりですから、無理もありません。この時間の中で、どのようなことがわかるとよろしいですか？（開かれた質問）

（顔を上げ、対人援助職を見ながら）家族のこと、病気のこと、これからの生活のことも。何から話していいのか・・・。考えがまとまらなくて・・・。

Cさん

POINT

効果的に質問をするには、閉ざされた質問と開かれた質問の特徴や効果的な場面、留意点を理解して、2つの質問方法を織り交ぜながら質問しましょう。

質問は明確にする

対人援助をするときに、質問の内容がよくわからずに、相談者が困るようでは話が進みません。気をつけるポイントを見ていきましょう。

質問は答えやすく

　対人援助職が相談者に質問をするとき、質問内容が不明確で、相談者が「何が聞きたいの？」と思うようでは、相談者は質問への回答に困り、適切に回答することはできません。対人援助職からの質問内容が明確になっていること、質問の方法が適切であることが必要です。

　適切な質問方法には、相談者や相談者の置かれている状況を理解したうえで、相談者に伝わる方法でおこなう必要があります。それには、繰り返し技法や沈黙、閉ざされた質問や開かれた質問を織り交ぜながら質問をする必要があります。

NG

質問内容が不明確
不適切な質問方法

何が聞きたいの？
回答に困る
なぁ・・・

対人援助職　　　　　　　　　　　　　　　　相談者

質問は具体的にしよう！

✕「ご家族についてお聞かせいただけますか？」

◯「同居されているご家族の家族構成についてお聞かせいただけますか？」

✕「最近、どうですか？」

◯「退院されてからの1週間、お母様はご自宅でどのようにお過ごしですか？」

1つの質問には、1つの事柄にしよう！

✕「明日の午前か午後に、〇〇に行っていただくことはできますか？」

◯「明日、〇〇に行くことはできますか？」＋「午前と午後はどちらがよろしいですか？」

質問の意図を明確にする

　対人援助職がおこなうコミュニケーションは、日常会話とは異なり、異なる価値観をもった相談者の考えや気持ちに共感したうえで、情報交換をおこなう場となります。対人援助では、単に対人援助職が相談者に聞きたいことを質問するのではなく、その質問の意図を対人援助職自身が理解しておく必要があります。

　さらには、対人援助では、相談者が日常では他者に語らない内容を共有することが少なくありません。対人援助職が相談者に質問する場合には、なぜ、このような質問をするのかについて説明できることが必要です。

NG

経済状況は？

家族構成は？

お仕事は？

なんで、こんなこと聞くんだろう？（不信感）

対人援助職

相談者

OK

これから支援をさせていただくうえで必要な〇〇さんのご家族やお仕事の情報についてお聞かせください。

質問の意図を
省かない

はい。よろしく
お願いします！

対人援助職

相談者

POINT

　相談者に質問をするときには、質問内容を明確にし、適切な質問方法で質問しましょう。また、対人援助職は「なぜ、このような質問をするのか」の質問の意図について、相談者に説明できることが必要です。

してはいけない質問

対人援助職が相談者に質問する際に、注意しなければいけない質問があります。どんな質問があるか見ていきましょう。

「わかっていること」を前提にした質問

　相談者が面接の内容について理解しているかを確認するとき、「大丈夫ですか？」「理解できましたか？」のような相談者がわかっていることを前提とした質問では、相談者は圧迫感を感じ、「はい」「大丈夫です」と回答してしまいます。

　この場合、「ご不安なことをお聞かせいただけますか？」「もう一度お聞きになりたい点があれば教えていただけますか？」などの表現で質問しましょう。

NG

大丈夫ですか？

はい。大丈夫です。

本当は、大丈夫じゃないけど・・・

圧迫感

閉ざされた質問

対人援助職

相談者

OK

ご不安なことをお聞かせいただけますか？

はい。夫の介護のことで相談に乗っていただいてもいいでしょうか？

聞いてもらえる！

話していいんだ！

開かれた質問

対人援助職

相談者

「なぜ?」を使った質問

なぜ・どうして（Why）?の質問が続くと、相談者は詰問されているように感じてしまいます。5W1H（いつ・どこで・誰が・何を・なぜ・どのように）の質問ではなく、できる限り4W1H（いつ・どこで・誰が・何を・どのように）の質問にしましょう。

否定語が含まれる質問・二重否定の質問

「〇〇はありませんか?」のような否定語が含まれたり、「〇〇したくないと思ったことはないですか?」のような二重否定の質問をされたりすると、相談者は混乱します。相談者が何を質問されているのかわかりやすいように、なるべく簡潔に質問しましょう。

対人援助職のペースで次々と質問をする

対人援助職のペースで、次々と質問することは相談者を焦らせてしまいます。対人援助職は常に相談者がメッセージを受け取るペースに合わせて、質問しましょう。

POINT

対人援助職が相談者に質問するときには、してはいけない質問に注意しましょう。これら以外にも、当然ながら相談者を不愉快にさせるような質問はしてはいけません。

あいまいな表現は避ける

対人援助のときにあいまいな表現を使うと、相談者に誤解を与えることがあります。誤解を与えないような言葉選びをすることが大切です。

明確な表現を使う

　あいまいな表現は、相談者に誤解を与えることがあります。例えば、「早め」という表現では、それを「今週中」と思う人、「今月中」と思う人など、メッセージを受け取る人によって理解は異なります。対人援助では、あいまいな表現を避け、具体的な数値や行動で理解できるように、明確な表現を使いましょう。

　その他にも、相談者によって基準が異なる「一般的に」「基本的に」「十分な」「通常は」などの程度を表現する言葉にも注意が必要です。

誤解

早めに〇〇することはできますか？

はい。やってみます

今週中には〇〇してくれるだろう！

今月中には〇〇してみよう！

対人援助職　　　　相談者

具体的な数値（時間・頻度）で質問しよう！

✕「早めに〇〇することはできますか？」

〇「今週中に〇〇することはできますか？」

✕「今回のようなことはよくあるのですか？」

〇「今回のようなことは1週間のうちに何回くらいあるのですか？」

具体的に何をするのかを質問しよう！

✕「明日までに準備することはできますか？」

〇「明日までに書類に必要事項を記載することはできますか？」

◆明確な表現とは

　あいまいな表現を避け、明確な表現で質問するためには、いつ（時間）、誰（人）、何を（物・事）、どこに（場所）、どのように（行動）を意識した質問をしましょう。さらには、なぜ（理由）を質問の意図として伝えることで、より明確な表現となります。

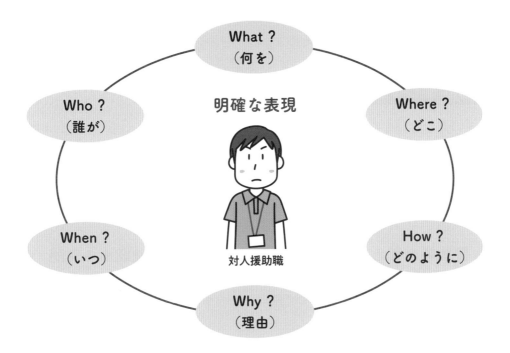

✕ あいまいな表現で意図がわからない質問

「早めに提出していただけますか？」

○ 明確な表現の質問

「本日中に申請することで、この制度を今月から利用することができます。（理由）」

「〇〇さんは、この書類に必要事項を記入することができますか？（人、物・事、行動）」

「記入いただいた書類を、夕方までにこちらの窓口まで提出いただけますか？

（物・事、時間、場所、行動）」

POINT

　あいまいな表現は、相談者に誤解を与えることがあります。対人援助職は誤解が生じないように、あいまいな表現を避け、明確な表現で質問しましょう。

誘導をしない

対人援助職が正しいと思い込んでいることを答えてほしいときなどに誘導的な質問になってしまうことがあります。誘導しないことの大切さを考えましょう。

質問で誘導しないために

　相談者の意思確認をする際、対人援助職の主観が質問に含まれることで、相談者を誘導してしまうことがあります。特に、対人援助職の考えが正しいと思い込んでいるときや、相談者に自分が正しいと思っていることを回答してほしいときには、誘導的な質問となってしまいます。

◆対人援助職の考えを伝えてから、相談者の意思を確認する質問

◆相談者に限定した選択肢を提示し、どちらがいいかを聞く質問

事例2（P.23）から、「誘導をしない」ことの理解を深めましょう。

> **≫ Cさん（66）の事例**
> 初期の大腸がんと診断され、医師から2週間後に入院して手術をするように告げられた。Cさんが、看護師に「入院して手術をするのを少し待って欲しい」と伝えると、病院の相談窓口を紹介された。Cさんが相談窓口を訪ねると、対人援助職が相談室に案内した。

NG

対人援助職

私はCさんにとって2週間後に入院して手術されるのがいいと思いますが、どうされますか？（誘導的な質問）

Cさん

ええ・・・っと。（下を向きながら、小さな声で）はい・・・。わかりました・・・（私だって、2週間後に入院して手術したほうがいいことはわかっているんだけどなぁ・・・・）。

それでは2週間後に入院されて、手術を受けられるのですね。それがCさんにとっていいことかと思いますよ。

対人援助職

OK

対人援助職

入院するのを待って欲しいというCさんのお気持ちをお聞かせいただけますか？（開かれた質問）

Cさん

（沈黙）ええ・・・っと。2週間後に入院して手術をした方がいいことは私もわかっているのですが・・・。すいません。気持ちの整理がついていなくて・・・。

対人援助職

そうですか。お気持ちの整理がついていないのですね。ご病気の説明を受けたばかりですから、無理もありません。

POINT

相談者の意思確認をする際には、対人援助職の主観が質問に含まれることで相談者を誘導してしまうことがあります。対人援助職は、相談者の回答を誘導しないように注意しましょう。

メモの取り方に気をつける

対人援助職がメモを取ることは、非言語コミュニケーションの1つです。メモを取るときに気をつけることを考えてみましょう。

メモを取るときのメリット・デメリット

　対人援助職はメモを取ることで、相談者との会話を整理し、相談者にその内容を伝えることができます。また、会話だけではなく、文章や図を書いて説明することにより、面接内容の全体像がつかみやすくなります。

　また、対人援助における記録は、支援の継続性や一貫性を担保するために欠かすことができません。目には見えない相談者との関わりを形に残す唯一のプロセスが記録です。しかし、対人援助職が相談者から発せられる情報をすべて覚えておくことは難しいこともあります。メモを取ることで、相談者からの大切な情報を記録することができます。

　相談者は、対人援助職が何をメモしているのか気になり、自由に話せなくなることがあります。メモを取る行為自体が、相談者に与える影響について注意しましょう。また、対人援助職もメモを取ることで、相談者から意識が離れてしまい、十分に相談者の表情などを観察することができません。特に、相談者が自身の感情を吐露するときにはメモはせずに、視線や姿勢を相談者に向けましょう。

対人援助職

相談者

何を書いているんだろう・・・

私ではなく、メモばっかり見ている・・・

**メモを取ることで
相談者の観察がおろそかになる**

**何をメモしているのか気になり、
自由に話すことができない**

メモを取る際の留意点

◆適切なメモ用紙に記載しよう

対人援助では、相談者は日常では他者に語らない内容を対人援助職に教えてくれます。その大切な内容を記載するには、適切な用紙で記載することが必要です。紙の切れ端や、裏紙などで記載することは避けましょう。また、相談者の個人情報を保護する観点からも、メモ用紙の管理を徹底しましょう。小さいメモ用紙やどこかに貼りついてしまう付箋《ふせん》などは紛失しやすいため、使用は避けましょう。

◆相談者にメモを取ることの了解を得よう

面接を開始する際に相談者にメモを取ることを伝え、了解を得ましょう。なぜメモを取る必要があるのかを相談者に伝えることで、相談者の不安感は軽減します。

○○さんの大切なお話をお聞かせていただくのに、メモを取らせていただいてもよろしいでしょうか？

はい。よろしくお願いします。

対人援助職　　　　　相談者

◆相談者と一緒に記載しよう

対人援助職が一方的にメモを取るだけではなく、メモを活用しながら相談者に説明することで面接を効果的に進めることができます。また、ジェノグラムやエコマップなどのマッピング技法（P.192〜195参照）を活用するときには、記号や図を相談者と一緒に記載することで、対人援助職が相談者の情報を正確に把握したり、相談者が自身の状況を理解することに効果的です。

POINT

メモを取ることは、対人援助職がおこなう非言語コミュニケーションの１つです。メモを取るメリットだけではなく、デメリットも理解したうえで、効果的にメモを取りましょう。

傾聴は存在に寄り添うこと

　私が急性期病院に新人ソーシャルワーカーとして勤務していた頃の事例です。Aさんは40代女性、1か月前にくも膜下出血を発症し、自宅近くの病院が満床のため、車で1時間以上かかる私の勤務する病院に入院となりました。Aさんは意識障害があり、全介助を要する状態でした。Aさんの夫は、主治医からAさんの病状や療養型病院への転院の説明を受けた後、相談室に来られました。夫は「先生から転院するように言われて・・・、ここで転院先を探してくれるって言われたので来ました」と話され、私はご自宅近くにある病院を情報提供しました。続けて夫は「こんな妻の状態で転院させられてしまうのですか？ 良くなるまで、ここに入院させてほしい」と強い口調で話されました。私は動揺しながらも急性期病院の役割を繰り返し説明しました。すると夫は怒って相談室を出て行かれました。

　後で知ったことですが、Aさんが入院後、夫は2人の子どもの面倒をみながら、仕事の後、自宅から1時間以上かかる病院へ毎日面会に来ていました。私は夫の思いを聴かず、情報提供や説明を繰り返したのです。私は、この事例についてスーパーバイザーから「あなたはいつも何かをしようとばかり考えている。まずは相談者の存在に寄り添いなさい」 と指導を受けました。私は夫に謝罪し、勇気を出して「支援をさせて欲しい」「思いを聴かせて欲しい」ことを伝えました。夫は私を許し、自身の思いや状況について教えてくれました。当時のことは今でも鮮明に覚えています。このときの失敗が私の対人援助職としての出発点となっています。第5章でお伝えしてきた傾聴することは、まさに相談者の存在に寄り添うことです。この事例は、対人援助職が相談者の思いを聴くことが対人援助の基本となることを私に教えてくれました。

篠原 純史

6章

理解する

対人援助職は、相談者を理解しなければなりません。相談者の課題を整理することも大切ですし、相談者の感情に共感しながら理解することも大切です。対人援助職は相談者と話しながら、相談者が抱える本当の問題点を探していきます。

相談者が困っていることを理解する

対人援助の面接のときには、これから始まる相談内容を焦点化することで、相談者の課題が整理されます。

相談者が安心できる質問は？

　面接の開始時には、相談者が何を話したいと思って来談されたのかを確認し、相談者が困っていることを理解しましょう。面接の結果、どのようなことがわかると相談者が安心できるかを尋ねる質問をアウトカム・クエスチョンといいます。アウトカム・クエスチョンは、対人援助職から相談者への協力宣言となります。相談者が「この時間は私のための時間なんだ！」と感じ、相談者の動機づけ（主体性）を高めます。

協力宣言

今日、この時間の中で、どのようなことがわかるとよろしいですか？

この時間は私のための時間なんだ！

対人援助職　　　相談者

例）

今日、この時間の中で、どのようなことがわかるとよろしいですか？（対人援助職から相談者への協力宣言）

対人援助職

はい。父の介護のことで相談したいのですが・・・。はじめてのことで、何から準備をしていいのかわからなくて・・・。

相談者

お父様の介護のご相談ですね。はじめてのことですと、何から準備していいのかわからなくて当然です。一つひとつ相談していきましょう。

対人援助職

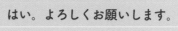
はい。よろしくお願いします。

相談者

事例2 (P.23)から、「アウトカム・クエスチョン」の理解を深めましょう。

> **≫ Cさん（66）の事例**
> 初期の大腸がんと診断され、医師から2週間後に入院して手術をするように告げられた。Cさんが、看護師に「入院して手術をするのを少し待って欲しい」と伝えると、病院の相談窓口を紹介された。Cさんが相談窓口を訪ねると、対人援助職が相談室に案内した。

対人援助職

この時間の中で、どのようなことがわかるとよろしいですか？（相談者への協力宣言）

家族のこと、病気のこと、これからの生活のことも。何から話してよいのか・・・。考えがまとまらなくて・・・。

Cさん

対人援助職

色々とご不安なことがおありのようですね。**本日はどちらのことを中心にご相談できるとよろしいですか？**（相談内容の焦点化）

はい・・・。今日は、家族のことを相談したいです・・・。

Cさん

対人援助職

ご家族のことをご相談されたいのですね。どのような内容か、お聞かせいただけますか？

はい・・・。私が入院した場合、夫の介護をどうすればいいかを悩んでいて・・・。

Cさん

　アウトカム・クエスチョンにより、これから始まる相談内容を焦点化することで、相談者の課題が整理されます。

POINT

　アウトカム・クエスチョンは、面接の結果、どのようなことがわかると相談者が安心できるかを尋ねる質問です。面接の開始時には、アウトカム・クエスチョンを活用して、相談者の相談への動機づけを高め、相談者の課題を整理しましょう。

相談者の希望を理解する

対人援助職は、相談者が今抱えている問題に目を向けがちですが、相談者の希望を理解することが必要です。

相談者の希望

　対人援助職が問題を抱えた相談者と面接をする際、「なぜできないのか」「なぜ問題が生じているのか」とネガティブな側面に目が向きがちになります。対人援助職は、相談者の抱える問題だけに目を向けるのではなく、相談者が「この先の未来、どうありたいか」のポジティブな側面に着目することで、相談者の希望を理解しましょう。相談者が抱える問題の原因を探るだけではなく、相談者に問題を解決した未来像について尋ねましょう。

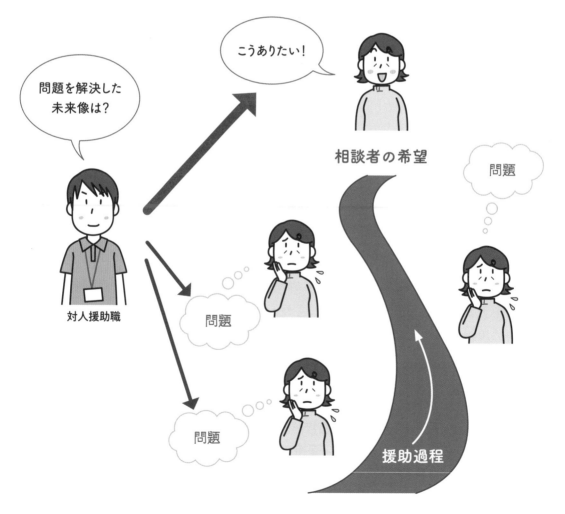

こうありたい!

問題を解決した未来像は?

相談者の希望

問題

対人援助職

問題

問題

援助過程

事例2（P.23）から、「相談者の希望」について理解を深めましょう。

> **≫ Cさん（66）の事例**
> 初期の大腸がんと診断され、医師から2週間後に入院して手術をするように告げられた。Cさんが、看護師に「入院して手術をするのを少し待って欲しい」と伝えると、病院の相談窓口を紹介された。Cさんが相談窓口を訪ねると、対人援助職が相談室に案内した。

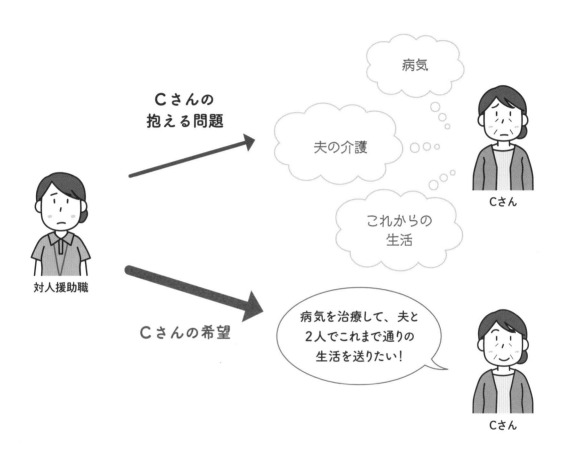

対人援助職は、相談者の抱える問題を認識したうえで、相談者の「こうありたい！」に寄り添います。対人援助職は、相談者のもつ力に絶対的な信頼をもって、その実現に向けたパートナーとして支援をおこないましょう。

POINT

対人援助職は、相談者の「この先の未来、どうありたいか」のポジティブな側面に着目し、相談者の希望を理解しましょう。

話を整理し理解する

//

対人援助職は、相談者からの話を聴いて内容を整理し、相談者が抱える問題の全体像を理解することが必要です。

アセスメント

　対人援助職は、相談者からの情報を時系列や客観的に整理し、相談者や問題の全体像を理解しましょう。この援助過程をアセスメント（事前評価）といいます。アセスメントでは、相談者から情報を収集するだけではなく、その情報を分析・統合します。対人援助職は相談者のアセスメントに基づき、支援計画を立案し、支援を実施します。

　アセスメントでは、対人援助職は相談者との面接を通じて、閉ざされた質問や開かれた質問を織り交ぜながら、相談者の個別性を重視し、継続的に実施されます。また、アセスメントは、対人援助職が1人で実施するだけではなく、これまでに相談者と関わりのある関係者（他職種・他機関）との連携・協働によっても実施します。

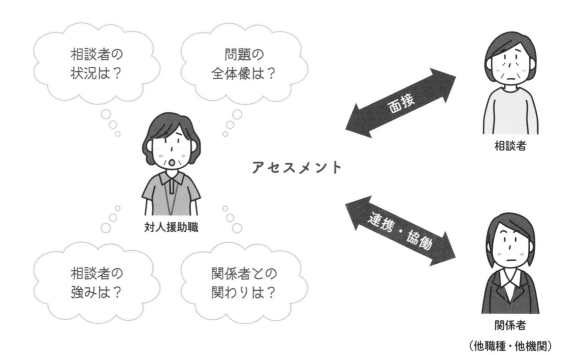

相談者の状況は？

問題の全体像は？

面接

相談者

アセスメント

対人援助職

相談者の強みは？

関係者との関わりは？

連携・協働

関係者
（他職種・他機関）

情報の収集

　対人援助職は、面接を通じて相談者からの多岐に渡る情報を収集します。情報は、相談者の基本情報：年齢、性別、住所、職業、家族構成などに加えて、問題解決に必要な情報：問題意識、主訴、相談者・問題の特性、問題対処力などを収集します。

問題意識
相談の理由や動機づけ

主訴
相談者が考えるいちばんの問題

問題の捉え方
問題に対する考え、感情、行動など

問題解決に必要な情報

相談者

相談者の特性
生育歴、考え方、病歴など

問題対処力
これまでの解決策、計画など

問題の特性
いつから起きているか、頻度、程度など

問題対処の資源
利用できる人・物など

今後に必要な外部資源
問題解決に必要な関係機関や制度など

情報の分析・統合

　対人援助職は、面接において得た情報から問題解決に必要な情報を選定し、客観的に分析する必要があります。また、膨大な情報の統合には、ジェノグラムやエコマップといったマッピング技法（P.192〜195参照）の活用が効果的です。

> **POINT**
> 対人援助職が支援を実施するうえでは、相談者の情報を収集し、分析・統合することが欠かせません。問題解決に必要な情報の収集やマッピング技法を活用して、相談者や問題の全体像を理解しましょう。

相談者の話を感情とともに共感的に理解する

対人援助職は、相談者の話を共感的に理解することが大切ですが、その一方で相談者の感情に巻き込まれてしまって冷静でいられなくなるようではいけません。

共感的理解と客観的な自己分析

対人援助において対人援助職は相談者の立場に立って、その気持ちを考えながら相談者の話を感情とともに共感的に理解する必要があります。対人援助職が、相談者の私的世界（相談者の気持ち、置かれている状況や立場）について、あたかも自分自身の世界のように感じ取り、相談者を理解しようとすることを共感的理解といいます。対人援助職が共感的理解を相談者に示すことで、相談者は「自分のことを理解してくれている」と感じ、安心することができます。

共感的理解をするうえで、対人援助職が相談者の感情に巻き込まれてしまい、理性的でいられないようでは困ります。バイスティックの7原則（P.46参照）の1つである統制された情緒的関与の原則にあるように、対人援助職は自身の感情を理解し、それをコントロールしたうえで相談者と関わることが必要です（P.90〜91参照）。また、相談者と一定の距離感を意識し、面接後には客観的に自己を分析することも大切です。

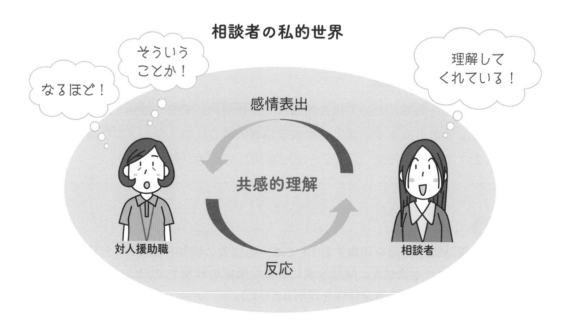

相談者の私的世界

なるほど！

そういうことか！

理解してくれている！

感情表出

共感的理解

対人援助職

相談者

反応

事例2（P.23）から、「共感的理解」について理解を深めましょう。

> **≫Cさん（66）の事例**
> 初期の大腸がんと診断され、医師から2週間後に入院して手術をするように告げられた。Cさんが、看護師に「入院して手術をするのを少し待って欲しい」と伝えると、病院の相談窓口を紹介された。Cさんが相談窓口を訪ねると、対人援助職が相談室に案内した。

対人援助職

ご自宅では、Cさんと旦那さんのお2人で暮らされているのですか？

Cさん

はい。私たちには子どもがいないので、ずっと2人で暮らしてきました。

対人援助職

お2人で暮らしてこられたのですね。他にご家族はいらっしゃいますか？

Cさん

いいえ・・・。近所に私の姉が住んでいたのですが、去年がんで亡くなってしまって・・・。（涙ぐみ）小さい頃から何でも私の相談を聞いてくれる姉で・・・。（非言語による感情表出）

対人援助職

何でもご相談できるお姉様を亡くされたばかりだったのですね。それはCさんにとってお辛いことでしたね。（共感的理解）

Cさん

はい・・・。今は夫のことも、病気のことも、誰にも相談できなくなってしまって・・・。入院した方が良いのはわかっているのですが、どうしたらいいのか混乱してしまって・・・。（言語による感情表出）。

対人援助職

Cさんは誰にも相談できなくて、混乱されているのですね。（共感的理解）

Cさん

はい・・・。（理解してもらえた！）

POINT

対人援助職は、相談者からの感情表出に対して、相談者が自分のことを理解してくれていると感じられるように、思い込みではなく共感的理解により反応しましょう。

6章

理解する

相談者の話の裏側にあるものを考える

面談のときに、相談者が本当の気持ちを伝えるとは限りません。心の中ではまったく反対のことを感じていることもあります。相談者の本当に伝えたいことを理解しましょう。

相談者は必ずしも本心を伝えるとは限らない

面接では、限られた時間の中で、相談者から多くのメッセージが対人援助職に伝えられます。そのメッセージには言語によるものだけではなく、準言語・非言語によるものも含まれます。対人援助職は、相談者からの言語・準言語・非言語のメッセージを観察し、相談者が本当に伝えたいことを理解しましょう。

相談者が「大丈夫です。自分で何とかします。」という言語メッセージを対人援助職に伝えたとしても、「大丈夫なんだ！」とそのまま理解してはいけません。対人援助職は、相談者の準言語・非言語メッセージを観察し、「大丈夫ではない？」と相談者の言語メッセージの裏側にあるものを考え、得られた情報を客観的に理解しましょう。

また、相談者が本当に何とかできるのか、相談者のもつ資源（他者の協力、利用できる社会制度など）が豊かにあるかを確認しましょう。

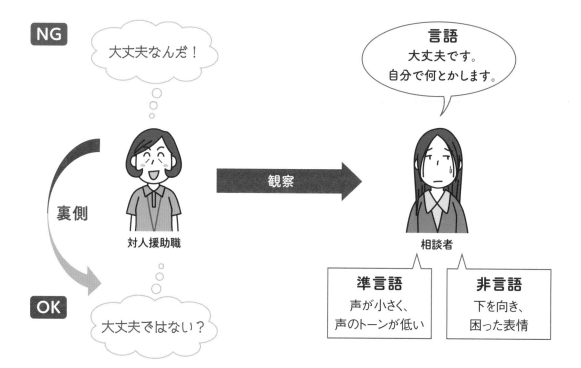

事例2（P.23）から、「相談者の話の裏側」について理解を深めましょう。

> ≫ Cさん（66）の事例
>
> 初期の大腸がんと診断され、医師から2週間後に入院して手術をするように告げられた。Cさんが、看護師に「入院して手術をするのを少し待って欲しい」と伝えると、病院の相談窓口を紹介された。Cさんが相談窓口を訪ねると、対人援助職が相談室に案内した。

病院で、病気とは関係のない、家族のことまで話していいものか・・・。やっぱり、大丈夫です。夫のことは自分で何とかします・・・（声に覇気はなく、下を向きながら）。

Cさん

対人援助職

Cさんが安心して治療を受けるうえで、Cさんのご家族のお話はとても大切なことです。よろしければCさんのご家族についてもお聞かせいただけますか？

（対人援助職を見ながら）ありがとうございます。よろしくお願いします。

Cさん

言語
やっぱり、大丈夫です。夫のことは自分で何とかします。

 違和感

準言語・非言語
声に覇気はなく、下を向きながら

相談者

　対人援助職は、相談者が発する言語・準言語・非言語のメッセージに違和感を感じた場合、そのメッセージの裏側にあるものを考えましょう。

POINT

　対人援助職は、相談者からの言語・準言語・非言語のメッセージを観察し、相談者の話の裏側にあるものを考え、相談者が本当に伝えたいことを理解しましょう。

良いところ、やってきたことを理解する

対人援助職は、相談者の困りごとだけではなく、解決志向による質問法を活用することで、相談者の良いところ、これまでやってきたことを理解することも大切です。

これまでの努力を理解する

　対人援助では、相談者の困っていることやできないことだけではなく、相談者がこれまでにやってきたことなどを理解することが大切です。対人援助職が相談者と出会ったとき、「相談者はこれまでに最大限の努力をしてきた！」と捉え、対人援助職にはこれまでの相談者の努力や工夫を「教えてもらう姿勢」が大切となります。

　相談者の抱える問題は1つではなく、複数の問題を抱えていたり、短期的には解決できなかったりすることも少なくありません。問題の原因を探るより、問題が解決された未来像やすでに上手くいっている部分に焦点を当てる技法をソリューション・フォーカスト・アプローチ（解決志向アプローチ）といいます。その質問法の1つとして、相談者がこれまでに問題解決のためにどのような努力や工夫をしてきたのかを尋ねるコーピング・クエスチョンがあります。

◆ **コーピング・クエスチョン（例）**

　・「これまでに、すでにどのようなことを試してこられましたか？」

　・「お辛い時間の中で、どのようにして乗り越えてこられたのですか？」

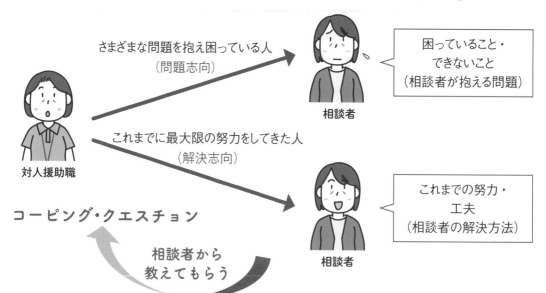

さまざまな問題を抱え困っている人 （問題志向）	困っていること・できないこと （相談者が抱える問題）
	相談者
これまでに最大限の努力をしてきた人 （解決志向）	これまでの努力・工夫 （相談者の解決方法）

対人援助職

コーピング・クエスチョン

相談者から教えてもらう

相談者

介護相談に来た主介護者（娘）と対人援助職の面接場面を例に、「問題志向と解決志向の質問法」についての理解を深めましょう。

◆「問題志向」による質問法

父についてご相談してもよろしいでしょうか？

相談者

対人援助職

はい。お父様のどのようなご相談でしょうか？

これまで在宅で介護しようと頑張ってきたのですが、これからは施設にお願いするしかないと思って・・・。

相談者

対人援助職

どうして在宅で介護を続けていくことが難しいと思われるのですか？（相談者の抱える問題の原因を探る質問）

母の体調も良くなくて・・・。私も仕事がありますし、子どもが受験生で・・・。

相談者

◆「解決志向」による質問法

父についてご相談してもよろしいでしょうか？

相談者

はい。お父様のどのようなご相談でしょうか？

対人援助職

これまで在宅で介護しようと頑張ってきたのですが、これからは施設にお願いするしかないと思って・・・。

相談者

対人援助職

これまでよく頑張ってきましたね。今日まで、どのように頑張ってこられたんですか？（コーピング・クエスチョン）

いえ・・・。私の頑張りだけではなく、夫や妹などのサポートもあってこれまで何とか介護を続けてこられました。夫や妹には本当に感謝しています。

相談者

解決志向による質問法には、コーピング・クエスチョンの他に、面接の結果、どのようなことがわかると相談者が安心できるかを尋ねるアウトカム・クエスチョン（P.120参照）や大変な中でも、ほっとできる時間や辛いことから解放されるときを尋ねる例外を見つける質問などがあります。

相談者が本当に困っていることを理解する

相談者が困っていると話すことと、本当に困っていることが違う場合があります。対人援助職は相談者の本当の問題点を探す必要があります。

本当の困りごとは何だろう

対人援助職に自ら相談に来る相談者は、何かに困って相談に来られますが、すべての相談者が何に困っているのかを明確に対人援助職に伝えられるわけではありません。また、相談者が「困っている」と話すこと（主訴）と、本当の困りごとが異なることも少なくありません。

対人援助職には、相談者の主訴を大切にしながらも問題の全体像を俯瞰（ふかん）して、相談者が本当に困っていることを一緒に探す姿勢（パートナーシップ）が大切になります。

相談者とは違う人（家族など）が問題を抱えていることもあるため、誰の困りごとなのかを明確にする必要があります。

事例2（P.23）から、「相談者が本当に困っていること」について理解を深めましょう。

> ≫ Cさん（66）の事例
> 初期の大腸がんと診断され、医師から2週間後に入院して手術をするように告げられた。Cさんが、看護師に「入院して手術をするのを少し待って欲しい」と伝えると、病院の相談窓口を紹介された。Cさんが相談窓口を訪ねると、対人援助職が相談室に案内した。

これまで話を聞いてくれた姉が急にいなくなってしまって・・・本当に心細くて・・・。
Cさん

対人援助職
急だったのですね。心細く思うのは当然かと思います。

本当に急で・・・。姉は病院で「がん」と言われて、すぐに入院したのですが、入院して数か月の間にどんどん悪くなってしまって・・・。今度は私が「がん」になってしまって・・・。姉には相談できませんし、気持ちの整理もつかなくて・・・。
Cさん

対人援助職
そうでしたか。お姉様にご相談ができずに、お気持ちの整理がつかないのですね。（アイコンタクトをしながら）よろしければ、旦那さんの介護のことや、ご不安に思われていることを<u>一緒に考えさせていただいてもよろしいですか？</u>（パートナーシップ）

（涙ぐみ、ほっとした表情を浮かべ）はい。よろしくお願いします。
Cさん

　面接の開始時には、Cさんの主訴として夫の介護について不安な気持ちを表出していましたが、Cさんが本当に困っていることはそれだけではありません。病気への不安、相談できる姉を失って心細く思っていること、ご自身の気持ちに整理がついていないことなども考えられます。対人援助職は、Cさんから表出された言語メッセージだけではなく、Cさんの準言語・非言語メッセージを観察し、Cさんが本当に困っていることを一緒に明確化していきます。

POINT

相談者が「困っている」と話すこと（主訴）と、本当に困っていることは違うことがあります。対人援助職は、問題の全体像を俯瞰して、相談者のパートナーとして、相談者が本当に困っていることを相談者と一緒に探しましょう。

解決する課題を理解する

解決するべき課題をはっきりさせるためには、対人援助職と相談者がすり合わせをして、課題解決に向かっていく必要があります。

課題を明確にする

　対人援助職は相談者との面接を通じて、相談者の問題の解決や軽減に向けた膨大な情報を得ることになります。情報を得る過程では、対人援助職は相談者からの確認を十分に得たうえで、実現可能な課題を明らかにします。

　相談者が自身の基準に基づいて、「○○したい」と感じるニーズと、対人援助職が職業規範に基づいて、「○○が必要だ」「○○が望ましい」と判断するニーズがあります。この両ニーズについて、対人援助職と相談者で繰り返しのすり合わせ作業をおこなうことで解決する課題（真のニーズ）が導き出されます。

　すり合わせ作業をおこなわないと、対人援助職の思い込みや解釈に偏った課題設定となってしまいます。その結果、相談者は「こんなことを望んでいなかった」、対人援助職は「私の提案に同意したはずなのに」とお互いに不満が残ってしまいます。

　具体的なすり合わせ作業として、対人援助職が相談者に「どのように理解したのか」「○○という状況にいるのですね」と確認をし、真のニーズを明らかにしたうえで、具体的な課題を設定していきます。

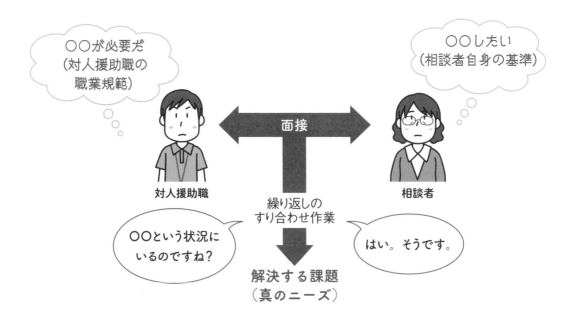

事例2（P.23）から、「解決する課題（真のニーズ）」について理解を深めましょう。

> ≫ Cさん（66）の事例
> 初期の大腸がんと診断され、医師から2週間後に入院して手術をするように告げられた。Cさんが、看護師に「入院して手術をするのを少し待って欲しい」と伝えると、病院の相談窓口を紹介された。Cさんが相談窓口を訪ねると、対人援助職が相談室に案内した。

対人援助職

これまでのCさんのお話を伺って、Cさんはご自身が入院したときの旦那さんの介護にご不安を感じていること、そしてご自身のお気持ちに整理がついていない状況と理解したのですが、このような理解でよろしかったでしょうか？（すり合わせ作業）

（視線を対人援助職に向けて）はい。そうです。

Cさん

対人援助職

Cさんが安心して治療を受けられるように、どのようなお手伝いができるかを一緒に考えさせてください。まずは、旦那さんについて詳しく教えていただいてもよろしいでしょうか？（課題の設定）

（申しわけなさそうな表情をしながら）はい。お願いします。

Cさん

対人援助職

それから、Cさんのお気持ちの整理がつくように、こちらがCさんのご相談の窓口となりますので、ご不安なことやご不明なことがあればおっしゃってください。（課題の設定）

（視線を対人援助職に向けて）ありがとうございます。よろしくお願いします。

Cさん

　すり合わせ作業では、Cさんの言語メッセージだけではなく、準言語・非言語メッセージも観察しながらCさんからの確認を十分に得ます。課題設定では、課題に優先順位を決めたり、課題を小さく切り分けながら実現可能な課題を設定しましょう。

POINT

　対人援助職は相談者とのすり合わせ作業を通じて、相談者からの確認を十分に得たうえで、実現可能な課題を明らかにします。

共感できないときは

対人援助職は相談者の話を共感をもって理解することが必要ですが、共感できないこともあります。そんなときはどうすればいいでしょう。

感情に注目する

　対人援助では、対人援助職が相談者の話を傾聴し、共感的に理解することが必要です（P.126〜127参照）。しかし、対人援助職が相談者から発せられる言葉や行動に共感できないことも少なくありません。共感できないまま面接をおこなうと、対人援助職は「それは、おかしいですよ」のように審判的な態度になったり、「〇〇したほうがいいですよ」といった指示的な態度を伝えてしまったりすることがあります。それにより、相談者との信頼関係が築けなくなったり、これまでに築いた信頼関係が崩れてしまったりすることがあります。

　対人援助職は、相談者の言葉や行動よりも、相談者が抱いている感情に注目し、その感情に共感的な理解をします。相談者の感情を理解するためには、相談者から発せられる非言語メッセージを観察することが必要です。

◆相談者の感情に注目する

◆どうしても相談者に共感できないとき

　対人援助の中で、どうしても相談者に共感できないときは、対人援助職が共感できていないことを自覚し、ときには相談者との距離を置くことも必要です。その場合、対人援助職は、なぜ相談者に共感できなかったのかを考えましょう。それには、対人援助職自身が自己覚知をし、自身の感じ方や考え方の傾向を理解することが大切となります。

育児相談に来た小学5年生の母親と対人援助職の面接場面を例に、「相談者の感情に注目すること」についての理解を深めましょう。

◆相談者の「言動」に注目

NG

うちの子は、毎日遊んでばっかりいて、勉強もしないし、家の手伝いもしないんです。あぁ、本当にイライラしちゃう。

相談者

対人援助職

（間髪いれずに）それって、おかしくないですか？子どもは遊んで育つものですよ。（審判的な態度）

（語気強めに）そんなこと言ったって、母親としては心配なんです。

相談者

対人援助職

（間髪入れずに）もっとお子さんのことを信じて、見守ってあげたほうがいいですよ。（指示的な態度）

そうですね。わかりました。（この人に相談しても、私の思いをわかってもらえない）

相談者

◆相談者の「感情」に注目

OK

うちの子は、毎日遊んでばっかりいて、勉強もしないし、家の手伝いもしないんです。あぁ、本当にイライラしちゃう。

相談者

対人援助職

（ゆっくりと穏やかな口調で）イライラされるときがあるのですね。母親としてお子さんのことを考えて、心配されているのですね。（感情に注目して、共感的理解を示す）

（前のめりになって）はい。私がイライラして怒ってしまうことは子どもにとって良くないことだとわかっているのです・・・。（下を向きながら）でも・・・子どもの将来を考えると、つい感情的になってしまって・・・。

相談者

対人援助職

（ゆっくりと穏やかな口調で）母親としてお子さんの将来を心配されているのですね。（アイコンタクトをしながら）お子さんにとって良くないと思いながらも、ご自身の感情を抑えられないことは、お母様にとってもお辛いことですね。（感情に注目して共感的理解を示す）

（涙ぐみながら）はい・・・。そうなんです。（私の思いをわかってもらえた）

相談者

相談者を多面的に理解する

　私が病院でソーシャルワーカーとして勤務していた頃、毎週行われる病棟カンファレンスに参加していました。そこには、医師、看護師、ソーシャルワーカーなどの多職種が参加し、患者さんの治療や支援の経過が共有されていました。ある日の病棟カンファレンスでの一場面です。Bさんは火災による熱傷で数日前から入院していました。

医師：（研修医に向けて）〇〇〇号室のBさん、あとどれくらいで退院できそうかな？

研修医：熱傷はだいぶ良くなったので、明日以降には退院できるかと思います！

医師：（看護師・ソーシャルワーカーに向けて）皆さんはどう思われますか？

看護師：入院してから、あまり眠れていないようで、食事もほとんど食べていません。精神的なケアが必要です。

ソーシャルワーカー：火災でご自宅が全焼しています。身寄りがないため、退院後の住まいの準備が必要です。

研修医：明日の退院は難しいですね・・・。

　人が置かれている困難な状況は、身体的、精神的、社会的な要因が相互に影響し合って生じています。この事例では、病棟カンファレンスを通じて、身体的な側面（熱傷）だけではなく、精神的な側面（眠れない、食欲不振）、社会的な側面（自宅が全焼、身寄りがない）の情報を多職種で共有しています。対人援助職が相談者の困難な状況を理解しようとするときも同様です。対人援助職は、多職種や多機関との連携を通じて、相談者を多面的に理解することが大切です。

篠原 純史

7章

. . . .

伝える

相談者の問題を解決するには、相談者が話す言葉を別の言葉に変えて伝えたり、相談者の話の要点を整理したりして、相談者の気持ちや状況を明確にすることが必要です。相談者が自分の状況や問題に気づくことを手助けするための技術を身につけていきましょう。

言い換えで話の内容を確認する

相談者の漠然とした言葉を別の言葉に変え、簡潔に伝えることで、その意図を確認します。また、話を聴いていることを積極的に伝えることができます。

言い換えの目的は2つ

　言い換えとは、相談者が話した内容を対人援助職が別の言葉にして伝える技法です。言い換えの目的は大きく2つあります。

　1つ目は、相手の話の内容を確認することです。同じ言葉を使っていても、お互いの捉え方が違う場合があるので、相談者の意図と対人援助職が理解していることが同じかどうかを確認します。言い換えをおこなうことで、相談者自身も自分の話を確認しながら話すことができます。

　2つ目は、相談者の話を理解していることを伝えることです。言い換えをおこない、相談者の話に踏み込んでいくことで、積極的に話を聴いていることも伝わります。相談者は「私の話をわかってもらえた」と感じ、さらに話をしようという気持ちになっていきます。

　さらに、言い換えは繰り返しとは違い対人援助職の言葉で返すので、より自然な印象で相談を進めることができます。

◆言い換えの使い方

こんな場面で
- 相談者の話が漠然としているとき
- 話をすることをためらっているようなとき
- 同じような言葉が繰り返し出てきたとき
- 自分の理解が正しいかを確認したいとき

こんな言い方で
- ○○でしょうか？
- ○○なんですね。
- ○○という理解でよろしいでしょうか？

アドバイス

こんな場面で使おう
相手の話を確認したいときや話を聴いていることを伝えたいときに使います。

注意

断定することは避け、相手の同意を求める言い方にします。

「言い換えを使った相談」を事例2（P.23）の場面で見てみましょう。

> **≫ Cさん（66）の事例**
> Cさんは1年前から右麻痺の夫のDさん（72）を自宅で介護している。Cさんに大腸がんの診断が出て、病院から入院と手術を勧められたが、「入院を待ってほしい」と看護師に話したため、相談室を紹介されてやってきた。

しばらく相づちや繰り返しの技法を使いながら話を聴いていたところ、Cさんは心を開いてくれたのか、少しずつ話をしてくれるようになりました。

夫はわがままな人で。ずっと家のこととか、夫が倒れてからは、私しかダメって言うから、介護も1人でやってきたんですけどね。私たちには子どももいないし、<u>今までずっと2人でしょう。</u>

Cさん

対人援助職

Cさんは、Dさんを支えてこられたんですね。今までCさんとDさんは、<u>お2人で支えあって暮らしてきたんですね。</u>（言い換え）

そう、そうなんです。2人で支えあってきました。夫は夫なりに我慢することもあったでしょうけど。それでも、2人でそれなりにやってきました。でも、今、私の体調も良くなくて、今まで通りにはできないし・・・。<u>なんといっても2人しかいないですから。</u>

Cさん

対人援助職

Cさんは、<u>もしかして頼る人がいないということも、悩んでいるのでしょうか？</u>（言い換え）

そう・・・夫のこととか、家のこととか。<u>自分のことだってそうですけれど、頼る人がいないんですよ。</u>

Cさん

対人援助職

<u>ご自分のことも・・・。</u>（繰り返し）

自分のこと・・・えっと、治療をどうするかとか、その後どうするかとか。

（相談は続く）

Cさん

POINT

対人援助職がCさんの「ずっと2人」という言葉に着目し、言い換えをしたことで、Cさんは自分の気持ちをわかってもらえた、と感じました。これをきっかけに、自分の悩みを言葉にでき、面接が大きく進みました。

要約する

相談者の話が長くなったり、話があちこちに飛んで混乱したりしいるときに使います。要点を整理して伝えることで、相談者が話をしやすくなります。

相談者の話を短くまとめる

　相談者は多くのことを話しているうちに、いろいろな話が同時に展開したり、時系列が前後したり、話がそれてしまうことがあります。そのような場合は、相談者自身も「あれ？何を話していたのかな」と混乱し、ますます話がまとまらなくなります。

　要約は、相談者が話していたことを対人援助職が整理し、短くまとめて確認する方法です。要約することで、相談者は話のポイントをつかめて、その後の話がしやすくなります。またお互いの理解や認識の違いを早い段階で修正できます。

◆要約のポイント

① 時系列でまとめる

　過去のことや最近のこと、現在のできごとが前後して話されることがあります。その場合は時系列をはっきりさせて整理します。

例：「そうすると、義理のお母さまは2年前に認知症の診断を受け、最近身の回りのことができなくなってきた。そして先日外に出たときに、お1人で家に帰れなくなったということでしょうか？」

② 話の内容でまとめる

　話があちこちに飛んでまとまりがつかなくなったり、複数の内容が話されているときは、内容で分けて整理します。

例：「今までのお話をまとめると、ご相談の内容は、義理のお母さまの介護についてと、ご家族とAさんとのご関係についての2つでよろしいでしょうか？」

◆◆ 注意 ◆◆

対人援助職がいきなり要約を始めると、相談者は「話の腰を折られた」と感じるかもしれません。ある程度相談者の話を聴いたところで要約します。そのときは、「今までのお話をまとめると・・・」、「そうすると」などと言って要約に入るとよいでしょう。また、語尾も「〜ということでしょうか？」、「××というように伺いました。」と、やわらかくまとめます。

「要約」を使った相談を事例2（P.23）で見てみましょう。

（P.23）

> ≫ Cさん（66）の事例
> 1年前から右麻痺の夫のDさん（72）を自宅で介護している。大腸がんの診断が出て、病院から入院と手術を勧められたが、「入院を待ってほしい」と看護師に話したため、相談室を紹介されてやってきた。対人援助職との相談が少しずつ進み始めている。

夫が倒れてから、夫の介護はすべて私がやってきました。今までも私の具合が悪くなったときがあったんですよ。この前も、腰が痛くてどうしても動けなくなってしまって。私はお友達に頼んで、家に来てもらおうかと思ったのですが、夫が「自分は嫌だ、我慢する」と言って・・・私が頑張りました。
Cさん

対人援助職

ええ。お体がお辛いのに大変なことでしたね。（共感）

前に、夫が病院を退院するときも、相談員さんから介護のサービスの利用を勧められて、私も夫に頼んだんですけれど、夫は「嫌だ」の一点張りで。
Cさん

対人援助職

ええ。（うなずきながら）

そもそも夫は若いころから、私の具合が悪くても看病なんてしてくれなかったし。そうそう、数年前インフルエンザで数日寝込んだときだって、何もしてくれなかったんですよ。あのときだって、あの人は私の具合が悪いことに気づいていたのかもわかりません。
Cさん

（話がそれてきたので、要約する）

対人援助職

そうでいらしたんですね。（一度受け止める。）
そうすると、Cさんは、Dさんの介護が始まってから、他の方の力も借りようとしたけれど、Dさんが嫌だとおっしゃるので今まで利用しなかったということでしょうか？（要約）

そうですね。（同意）
今思えば、あのときに無理にでもサービスをお願いしておけばよかったですよね。
Cさん

POINT

Cさんの話がそれそうになったので、対人援助職が要約して整理しました。Cさんは話の内容を自分で確認し、話の焦点を戻していきました。

内容の明確化

相談者が思い出せなかったり、話しにくいことを、対人援助職が明確な言葉にして伝えます。これにより、相談者が自分の状況や問題に気づくことを手助けします。

言葉のやりとりで状況をはっきりさせる

　内容の明確化は、相談者が思い出せないときや言葉にできないときに使います。対人援助職は相談者の表情や動作を観察し、相談者の言いたいことを推測し、言語化して伝えます。

　対人援助職がおこなった明確化が相談者にとって、しっくり来ないときもありますが、そのときも慌てずに、言葉を変えながら相談を進めます。

---

① 思い出せないときの内容の明確化

相談者の表情や動作を観察し、「思い出せないのかな」と感じたときにおこないます。

（視線を上に向ける、首をかしげる、目をつぶるなど、思い出す様子をする）

えぇっと。この前〇〇さんとお話ししたのはいつでしたっけ。

相談者

1か月ほど前でしょうか？（内容の明確化）

対人援助職

そうでした。その後のことなのですが〜。

相談者

② 言葉が出ないときの内容の明確化

相談者の表情や動作から「話しにくそうだな」と感じたときにゆっくりと進めます。

（下を向いて考えこむ。言葉がなかなか出てこない様子）

夫は私に親のことは任せたというばかりで・・・。（うつむく）

相談者

ええ。（うなずきながら）それは〇〇さんを信頼して、お母さまの介護を任せたということでしょうか？（内容の明確化）

対人援助職

信頼？う〜ん。それよりは介護についてあまり考えていないというか。無関心なんだと思います。

相談者

「内容の明確化」を使った相談を事例2（P.23）で見てみましょう。

> **≫ Cさん（66）の事例**
> 1年前から右麻痺の夫のDさん（72）を自宅で介護している。大腸がんの診断が出て、病院から入院と手術を勧められたが、「入院を待ってほしい」と看護師に話したため、相談室を紹介されてやってきた。対人援助職との相談が少しずつ進んできた。

今回、先生から手術したほうがいいと勧められて。えっと、消化器科の・・

（上を向いて思い出そうとする様子）

Cさん

対人援助職

消化器科の〇〇医師ですね。（内容の明確化）

ああ、そうです。〇〇先生。〇〇先生は、早く入院するようにとおっしゃって、予約まで取ってくれたのですが。でも、夫の介護のこともありますし、それ以外にもいろいろあって・・・・（下を向いて口ごもる）。

Cさん

対人援助職

それ以外にもいろいろと・・・（繰り返し）。Cさんにはご心配が他にもおありなのですね。よろしければお話しくださいますか？（開かれた質問）

あのう、今回もし入院したら、長くなりますか？

Cさん

対人援助職

入院期間ですか。（内容の明確化）もう一度確認しましょうか？

えぇ、まぁ。それもお願いしたいですけど。・・・。うちは年金が・・・。

Cさん

対人援助職

（Cさんの年金という言葉から推測）Cさんは、医療費についてもご心配なのでしょうか？（再度の内容の明確化）

（顔を上げて）実はそうなんです。手術代もかかって支払いもかさんだらどうしようと心配で。

Cさん

POINT

Cさんが話しにくそうな様子を見逃さず、内容の明確化をおこないました。それにより、Cさんは医療費が心配だと話せて、問題が明確になりました。

感情の明確化

相談者の気持を対人援助職が言葉にして伝えます。相談者が自分の気持ちをうまく言葉にできなかったり、感情を出すことをためらったりしているときに使います。

相談者の感情を想像して言葉にする

　自分の感情を正確に言葉で表現するのは難しいものです。また、感情を外に出すことに抵抗を感じる相談者も少なくありません。特に、怒りや悲しみなどの否定的な感情は、出しにくいものです。

　感情の明確化は、そのようなときに、対人援助職が相談者の感情を先どりして言語化する技法です。内容の明確化と同様に、相談者の言葉だけでなく表情や動作などをよく観察し、相談者が発しているメッセージを理解します。

　感情の明確化をおこなうことで、相談者は自分の感情を客観的に捉えることができます。これにより、相談者が自分自身の気持ちやその変化に気づき、問題への理解が進みます。また対人援助職に対しても自分の気持ちをわかってもらえたと感じ、信頼関係が深まります。

◆自分の気持ちをうまく言葉にできないとき

　相談者が抽象的に表したことを別な言葉で言い換え、感情を表現していきます。

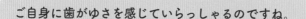

どうして自分にはできないのだろうと、モヤモヤして。

相談者

対人援助職

ご自身に歯がゆさを感じていらっしゃるのですね。

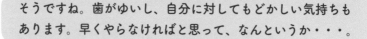

そうですね。歯がゆいし、自分に対してもどかしい気持ちもあります。早くやらなければと思って、なんというか・・・。

相談者

対人援助職

気が急くというか、焦るというか・・・？

そう。そうです。いつも焦っている感じです。

相談者

146

「感情の明確化」を事例2（P.23）で見てみましょう。

> **≫ Cさん（66）の事例**
> 1年前から右麻痺の夫のDさん（72）を自宅で介護している。大腸がんの診断が出て、病院から入院と手術を勧められたが、「入院を待ってほしい」と看護師に話したため、相談室を紹介されてやってきた。夫の介護と医療費の問題について、話が進み始めた。

対人援助職

今までのお話をまとめると、Cさんのご心配は、Dさんの介護のことと医療費のことの2つでしょうか？（要約）

Cさん

ええ。それと、・・・・自分のことも。

対人援助職

ご自分のことも？（繰り返し）

Cさん

実は、先生に病気のことを言われてから、夜も眠れないし、御飯も食べられないのです。

対人援助職

そうでしたか。（心配そうに）それはお辛いことですね。（共感）
ご自身の今後・・・考えると不安でたまりませんよね。（感情の明確化）

Cさん

そうなのです。もう、いろいろなことが、不安で不安で・・・（涙ぐむ）

対人援助職

えぇ。（心配そうに、深くうなずく）

Cさん

だんだん疲れてきてしまって。もうどうにでもなれっていうような気持ちになってしまったのです。

対人援助職

なげやりな気持ちに？（感情の明確化）

Cさん

そうですね。なげやりな気持ちになって、それで看護師さんに「入院を待ってほしい」と言ったのです。

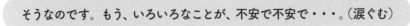

 POINT

Cさんが気持ちを言葉で明確にしていくうちに、自分の気持ちをさらに話し、入院を待ってほしいと言った背景を語ってくれました。これにより、今後のことに向けた相談を進めるようになります。

7章

伝える

相談者を支える（支持）

相談をしているときは、対人援助職は一貫して支持的な態度を取り、相談者の気持ちを支えていきます。相手を受け止め、否定しないことが大切です。

相談者を否定しないことが支持につながる

相談をおこなっている間は、対人援助職は相談者の気持ちを支える、支持的な態度を保ちます。それには、まず相談者の話をよく聴くことが大切です。話を遮（さえぎ）ったり、相談者の話を批判・否定してはいけません。自分の価値観ではなく、専門職として相手の話を受け止めます。（詳しくはP.34〜35参照）。

支持的な態度を取ることにより、相談者は「話を聞いてもらえる。安心して話せる」という気持ちになるのです。

うなずきや相づち、表情などでも支える気持ちを伝えることはできますが、相談者が今までやってきたことや、できてきたことについて、ねぎらいや肯定的な言葉かけをしていくと、支持がより伝わります。対人援助職が支持を続けることで、相談者は自分への自信を取り戻し、問題解決への意欲をもてるようになります。

①やってきたことをねぎらう

相談者はできなかったことを考えがちなので、やってきたことをねぎらう

私がうまく対処できなかったので、こんなことになったんです。

相談者

○○さんは、できることを精一杯頑張ってこられました。

対人援助職

②否定的な感情を受け止める

怒りなど否定的な感情をもってもよいことを伝える。相談者が受け容れられたと感じられるように、「○○だから」と根拠をつけるとさらによい

私はいつも怒ってばかりで、本当に心が狭い人間なんです。

相談者

話を聴いてもらえないことが続いたら、そんな気持ちになるのも当然ですよね。

対人援助職

「支持」を事例2（P.23）で見てみましょう。

> **》Cさん（66）の事例**
> 1年前から右麻痺の夫のDさん（72）を自宅で介護している。病気のため病院から入院と手術を勧められたが、「入院を待ってほしい」と看護師に話したため、相談室を紹介されてやってきた。夫の介護と医療費、自分の体への不安からなげやりになったと話す。

対人援助職

考えることが多すぎて、疲れてしまったのですね。（内容の明確化）

ええ。疲れすぎて全部が面倒になり、「入院しなくてもいいや」って・・・。

Cさん

対人援助職

（だまって深くうなずく）

夫にも辛く当たっていたし、「夫がいなかったら楽なのに」とまで考えていました。ひどすぎますよね。

Cさん

対人援助職

急に病気と言われたら強いストレスがかかりますし。そんなお気持ちになるのも当然ですよ。（支持）

でも、病気を放っておいて良くなるわけはないのに。1人で悩んで、なげやりになってしまいました。

Cさん

対人援助職

今まで1人で介護も頑張ってきて。今回も不安でたまらない中、お1人で耐えてこられたのですね。（支持）

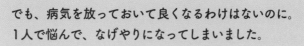

そう言ってもらうと・・・、少しほっとした気持ちになります。

Cさん

POINT

対人援助職は終始Cさんの気持ちを支えるような言葉かけをし、Cさんが否定的な感情を出したときも受け止めました。Cさんは何を話しても大丈夫だと安心し、相談がさらに進みます。

◆ 注意 ◆

「でも」、「だって」など相手を否定する言葉や、「そもそも」、「どうして」という原因探しをする言葉を使うと、相談者の安心感や信頼感は一瞬で崩れます。常に相談者が受け入れられているという気持ちになるように、言葉を選びましょう。

相談者を強く支える

///

あえて対人援助職を主語にし、「私は〜と思います。」と直接的なメッセージを意図的に発信します。私が主語になるので「I（アイ）メッセージ」ともいいます。

相談者へ直接的な強いメッセージを出す

　普段の相談においては、ほとんどの場合主語は相談者であり、対人援助職は「あなたは」、「○○さんは」という形で話を進めます。また、対人援助職が自分の価値観で判断したり、物事の良し悪しを相談者に伝えることもありません（P.34〜35参照）。

　しかし、相談者がひどく落ち込み、自分への自信を失っていたり、動揺が激しく、通常の支持では足りないと思うときは、意図的に対人援助職を主語にして、「私は〜と思います」、あるいは「私は〜とは思いません」と直接的な言い方をします。対人援助職を主語にすることで、「あなたや他の人がどう思っていても、私はあなたを支えます」という強い支持を示し、対人援助職は常に相談者の味方であることを伝えます。なお、I（アイ）メッセージは強いメッセージなので、1回の相談で1回程度しか使えません。

- -

◆I（アイ）メッセージの例

　相談者が抽象的に表したことを別な言葉で言い換え、感情を表現していきます。

> 結局、私の介護の方法が悪かったから、こんなことになってしまったのです。もっとうまくできていたらよかったのに・・・。（涙ぐむ）

相談者

　→相談者が自信をなくして落ち込んでいるので、強く支持を出す。意図的に、「私は」を主語にして言い切る

対人援助職

> 私は、○○さんは、今まで誰の手も借りないで一生懸命に介護されてきたと思います。

あるいは

対人援助職

> いいえ。私はそうは思いません。○○さんの介護方法は、決して間違っていませんよ。

　I（アイ）メッセージを発する際は、視線をあわせて力強く話すことで、相談者により明確に意図が伝わります。

「I（アイ）メッセージ」を使った相談を事例2（P.23）で見てみましょう。

> ≫ Cさん（66）の事例
> 1年前から右麻痺の夫のDさん（72）を自宅で介護している。病気のため病院から入院と手術を勧められたが、「入院を待ってほしい」と看護師に話したため、相談室を紹介されてやってきた。夫の介護と医療費、病気への不安があるという。

でももう、これからなんとかなる気がしません・・・。
（肩を落としてうつむく）私にはそんな力もなくなってしまって。

Cさん

（Cさんと視線を合わせて）

いいえ。<u>私はそうは思いません。</u>（I（アイ）メッセージ）

対人援助職

（驚いたように顔を上げる）

Cさん

Cさんは、なんとかしたいと思うお気持ちから、ここにいらしたのだと理解しています。これからCさんとご一緒に解決方法を探していけると思いますよ。

対人援助職

（だまって大きくうなずく）

Cさん

対人援助職は、Cさんを強く支えるためにI（アイ）メッセージを出しました。Cさんは、対人援助職の言葉に驚いたようでしたが、メッセージを理解し、同意してくれました。

押しつけに聞こえることも

I（アイ）メッセージはとても強い支持なので、多用すると効果が薄れますし、価値観の押しつけに聞こえてしまいます。

また、意見を求められた際に、「私だったら○○しますね」と、私を主語にして断言するのも避けたほうがよいでしょう。

相談者が（対人援助職の）××さんがそう言うなら、と考えて依存的な関係になったり、うまくいかなかった際に対人援助職に責任を転嫁するようになったりすることも起こりかねません。

意見を求められた際はI（アイ）メッセージを使わず、「このような考え方もできると思います」、「ご提案としては〜がありますが、○○さんはいかがでしょうか」と提案する形で相談を進めましょう。

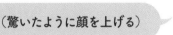

共感的に応答する

///

共感は支持とともに相談の基本となります。言葉だけでなく表情や動作、態度など、あらゆる
手段を使って相談者に共感していることを伝えましょう。

相談者の気持ちを理解していることを伝える

　共感とは、相手の立場に立って相手の感情や状況を理解することです（P.36～37
参照）。支える気持ちとともに、相談の基本的な姿勢です。共感により、相談者はこの
人は私の話を聞いてくれる、私の気持ちをわかってくれる、と心を開き、相談を進め
ることができるのです。

　しかし、共感も相談者に伝わらなければ意味がありません。言葉だけでなく、表情や
態度などの非言語もフルに使い、あらゆる機会を捉えて相談者へ共感を伝えましょう。

　共感は、相談者の感情に焦点を当てていきます。うれしい、楽しいといったプラス
の感情も、悲しい、辛い、怒りといったマイナスの感情も、相手の立場になって理解
し、共感を示していきます。

- -

◆＋（プラス）の感情にも－（マイナス）の感情にも共感しよう

　相談者が抽象的に表したことを別な言葉で言い換え、感情を表現していきます。

（＋）の感情	嬉しい　楽しい　喜び　安堵　安心　期待など
（＋－）の感情	驚き　戸惑いなど
（－）の感情	怒り　悲しみ　辛さ　苦しさ　切なさ　罪悪感　落胆　苛立ちなど

　「そうでしたか」、「そうだったのですね」といった言葉は、どのような場合にも共感
を示すことができます。しかし、こればかりだと相談が単調になり、相談者の話が進
みません。まずは、表にあるような感情を言葉にして、共感を伝えてみましょう。

◆「××なことでしたね」

　「うれしいことでしたね」、「お辛いことでしたね」、「それは楽しいことでしたね」

◆「××でしょう」

　「どんなにお怒りでしょう」、「どれほどの驚きでしょう」、「さぞお辛いでしょう」

非言語でも共感を伝える

　共感は言葉だけでなく、非言語である表情や動作でも伝えることができます。そして、「それはどれほどお辛かったでしょう」と言うときには、辛そうな表情を見せるなど、言葉の内容と表情、動作の意味が一緒になるようにします。

　これにより、対人援助職が共感していることを、よりわかりやすく伝えることができます。

◆表情と言葉は一致させる

眉間にしわを寄せ、口角を下げた表情で
「それはお辛いことでしたね」

※表情については、P.56〜57を見てみましょう。

◆非言語と短い相づちでも共感を示し、相談を進められます

＜例＞

相談者

この前、会社で褒められたんですよ。

対人援助職

ええ！（高いトーンで語尾を上げる。眉と口角を上げ、明るい表情で）

相談者

そうなんですよ。書類のできが思ったより良かったみたいで。皆の前でチーフが褒めてくれたのです。（うれしそうに）

対人援助職

それはうれしいことでしたね。

相談者

えぇ、まぁ。いつも怒られてばかりでしたからね。

非言語のメッセージの例

うなずき	一度深くうなずく → 同意
まばたき	ゆっくりと一度目を閉じる → 同意
	パチパチと何度もまばたきする → 疑問、驚き
	ギュッと目を閉じる → 痛みや嫌悪
動作	首をかしげる → 疑問　　肩を落とす → 落胆
声のトーン	低い → マイナスの感情　　高い → プラスの感情

話を掘り下げていく

話の焦点を絞り、質問などを使いながら詳しく話を聴いていきます。相談者がいちばん訴えたいことや、優先順位が高い問題などを掘り下げます。

焦点を当てて聴いていく

共感や支持は相談の基本です。それによって信頼関係ができ、相談者が話をしてくれるようになります。しかし、共感と支持だけでは、相談者の問題を解決できないことも少なくありません。相談者が最も訴えたいことや困っていること、解決が必要な問題について、その内容をさらに詳しく聴いていくことが必要です。

掘り下げをおこなう場合は、対人援助職が質問するよりも、相談者が自分で話すことが大切です。相談者は自ら話すことで、記憶や感情をたどって整理することができ、自分の訴えたいことや問題に気づいていきます。対人援助職は「状況を詳しくお聞かせください」、「そのときはどうお感じになりましたか？」などの、オープンクエスチョン（P.104〜105参照）を使いながら、自由に答えられるようにします。また、相談者がゆっくり答えられるように沈黙も使いましょう（P.98〜99参照）。

さらに言い換えや明確化も使い、相談者が話しやすいようにサポートします。

根掘り葉掘りはダメ！

話を掘り下げることは、根掘り葉掘り聞くことではありません。あくまでも、これからの問題解決に必要な範囲にとどめます。相談者がそんなことまで話さなければいけないのか、と不信感をもたないよう気をつけましょう。また、対人援助職が矢継ぎ早に質問ばかりするのも、相談者の抵抗感につながります。

さらに、対人援助職はカウンセラーのような心の専門家ではありません。相談者がトラウマなどを抱えているときは、不必要に刺激しないよう状況の把握だけにとどめるなどし、心理の専門職と連携して解決に当たりましょう。

「掘り下げていく」相談を事例2（P.23）で見てみましょう。

> **≫ Cさん（66）の事例**
> 1年前から右麻痺の夫のDさん（72）を自宅で介護している。病気のため病院から入院と手術を勧められたが、「入院を待ってほしい」と看護師に話したため、相談室を紹介されてやってきた。夫の介護と医療費、病気への不安があるという。

対人援助職

Cさんのご心配は、Dさんの介護、ご自身の医療費、そしてご病気のことのように伺いました。（要約）

Cさん

そうですね。だいたいそんな感じです。<u>とにかく夫のことが</u>・・・。

対人援助職

（「とにかく」という言葉、ここに<u>焦点を当てる</u>）ご自身が入院中のDさんの介護がいちばんご心配ということでしょうか？（内容の明確化）

Cさん

今まで私だけでやってきたから。

対人援助職

そうですよね。以前に介護のサービスを使おうとしたことがあるそうですね。<u>そのときの状況を少しお話くださいますか？</u>（掘り下げる）

Cさん

はい。夫が退院するときに病院の相談員さんから、介護サービスを勧められたんです。

対人援助職

<u>そのお話を聞いて、どう思われましたか？</u>（掘り下げる）

Cさん

介護なんて初めてのことだったし、お願いしたかったんですけど。

対人援助職

でも・・・？（首をかしげて促す）

Cさん

でも、夫が「嫌だ」と全然納得しなくって、諦めました。今だって、夫が納得してくれたらサービスをお願いしたいと思っていますよ。

対人援助職

ええ。（深くうなづく）

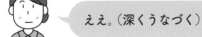

POINT

Cさんは介護保険などのサービスを使いたい、入院して治療したい意思があることが把握できました。また、サービスの導入には、Dさんの同意が問題解決につながることもわかってきました。

避けていることや先延ばしにしていたこと、矛盾点を聴く

これまで相談者が話していないことや、矛盾した点があるときに、それをあえて聴く手法です。相談者が自分の状況や問題に向き合えるように支援します。

相談者の本当の気持ちを聴く

　相談者の表情や動作と言葉が一致していないときや、以前話していたことと違うことを話すときに、相談者の心の中の葛藤や本当の気持ちを確かめる方法です。

　また、相談者が向き合わなければいけないのに先送りしていたり、気づいていなかったりすることも話題にして、相談者がその事柄に向き合えるようにします。

①表情と言葉が一致しない

　相談者が暗い表情で下を向き、小さな声で「大丈夫です」と言う

対人援助職

> そうですか。私には大丈夫そうには見えなのですが・・・。何か、気にかかることがおありでしょうか？（クローズドクエスチョンで答えやすく聞く）

相談者

> えぇ。実は・・・○○が気になっていて。

②先送りしていることをあえて聴く

相談者

> そのうちやろうとは思っています。

対人援助職

> （「そのうち」はこれで3回目）それはいつごろなさるご予定ですか？

相談者

> ええ？！いつって言われても。来月いや今月中にはやろうかと。早くやらなければならないとわかっているのですが・・。なんだか気が進まなくて。

対人援助職

> 気が進まない？（繰り返しでさらに聴いていく）

事例2（P.23）で「矛盾点」を聴いてみましょう。

> ≫ **Cさん（66）の事例**
> 1年前から右麻痺の夫のDさん（72）を自宅で介護している。病気のため病院から入院と手術を勧められたが、「入院を待ってほしい」と看護師に話したため、相談室を紹介されてやってきた。特に夫の介護について、心配している。

対人援助職

Cさん。（Cさんの目を見ながら呼びかける）今までCさんのお話を伺いながら、少し気になっていたことがあるのですが・・・。

はい。何でしょうか。

Cさん

対人援助職

Cさん。Cさんはご自分のご病気や手術、入院などについて、Dさんにはどのくらいお話されましたか？（あえて避けていたこと聴く）

（ハッとしたように顔を上げて）ええ。夫にですか・・・（考える様子）実は、・・・夫にはほとんど話していません。

Cさん

対人援助職

あぁ。そうだったんですか。それはどうして？（さらに踏み込む）

う～ん・・・。（再度考え込む）言わなければならないことはわかっていたのですが、言いにくかったというか。私を頼りにしているのに、心配かけてはいけないし。介護サービスのことでもめるのが嫌だとか。わかってもらえないとか・・・。

Cさん

対人援助職

いろいろ葛藤する気持ちが心の中にあって・・・。（感情の明確化）

そうですね。言おう、言おうと思って今日まで来てしまいました。でも、夫に話さないと介護のサービスとかも話が前に進まないですよね。

Cさん

対人援助職

私もそう思います。（やや強い支持）

POINT

対人援助職があえて踏み込んだことで、CさんがDさんに話ができていないこと、Dさんに話をしなければ先に進まないということに、Cさん自身が気づきました。

話のつながりや解釈を示す

相談者の話のつながりや因果関係を、対人援助職の言葉で伝え、相談者が原因や背景をさらに理解できるように支援します。

対人援助職の理解や捉え方を伝える

　相談者の話の内容を、時系列で再構成したり、原因と結果の因果関係でつなげ、対人援助職が自分なりに理解したこと（＝解釈）を相談者に伝えます。

　しかし、対人援助職の主観が入るので、相談者の理解と違うこともあります。そのときは、相談者と「このできごとをどのように捉えているか」という確認をします。これを通じ、相談者は問題の原因や背景について理解を深めます。対人援助職が、「○○<u>なので</u>、××ということ<u>でしょうか？</u>」という言い方をすると、話のつながりや因果関係がよく伝わりますし、問いかけをすることで相談者が訂正することもできます。

----

①因果関係を示す

例1

対人援助職

（眉を寄せて心配そうに）義理のお母さま、お1人でお家に帰れなかったとは、本当に、大変なことでしたね。

ええ。でも、24時間見張ることもできません。主人に言ってもどうせ手伝ってくれないし。これからのことを思うと、苦しくて。

相談者

対人援助職

義理のお母さまから目が離せなくて心配だけれども、手伝ってくれる人がいない<u>ので</u>、今後の介護に悩んでいるということ<u>でしょうか？</u>

（対人援助職の理解と話のつながりを示す）

例2

最近仕事が忙しくて帰るのが遅くて。頭が痛い日が続いています。

相談者

対人援助職

それは、仕事が忙しくて寝不足が続いている<u>ので</u>、体調が思わしくないということ<u>でしょうか？</u>

（対人援助職が話を補い、話のつながりを示す）

②曖昧な言葉を確認する

対人援助職

最近お仕事はいかがでしょうか。

まぁ、<u>なんとか</u>やっています。（曖昧な言葉）

相談者

それは順調ということ<u>でしょうか</u>ね？

（曖昧な言葉について、対人援助職の解釈を伝える）

対人援助職

⇒解釈があっている場合

ええ。順調ですよ。

相談者

（明るい声と表情で）あぁ、それは良かったですね。

対人援助職

⇒解釈が違っている場合

いやあ。順調とはいえないですね。

相談者

順調ではない？（解釈のし直しから相談に入る）

対人援助職

最近、行くのがしんどくて、休むことが増えてきてしまって。

相談者

（心配そうな声と表情で）ええ。何かきっかけがありましたか？

対人援助職

仕事自体はさほど問題ないのですが。同僚と合わなくて。
同僚にきついことを言われると、もうダメなんですよね。

相談者

そうすると、同僚できつい言葉を言う人がいて、その人
に会いたくない<u>ので</u>、お仕事が休みがちになってしまう
ということ<u>でしょうか</u>？（話のつながりをしめす）

対人援助職

ええ。まさにそんな感じです。

相談者

POINT

対人援助職から断定されると、相談者は押しつけられたと感じます。「つまり」、
「結局」などの言葉は使わず、断定にならないように気をつけましょう。

別な角度からの考えを伝える①
肯定的な見方

相談者の話を意識的に肯定的な角度から見て伝えます。これにより、相談者はできごとを新たな視点で捉え、自分への自信や解決への意欲を高められます。

できごとを肯定的に捉える

　できごとをどう捉えるかは、人によって違います。

　例えば、山登りで考えてみましょう。山の真ん中まで登ったというできごと（事実）があります。これを、まだ半分しか来ていない、まだ半分もあるのかと否定的に捉える人もいれば、半分も登った、あと半分で登頂だと肯定的に捉える人もいます。半分登ったというできごと（事実）をどう捉えるかにより、意味が変わってくるのです。

　対人援助職が肯定的な捉え方をすることで、相談者は今までのできごとを別な視点から見る気づきを得ます。それにより、自分への自信を回復することができ、問題解決への気持ち（動機）が高まります。

◆できごと（事実）　半分登った

⇒否定的な捉え方
　まだ半分までしか来ていない
　登頂できないかもしれない

⇒肯定的な捉え方
　もう半分まで来た
　あと半分頑張ろう

◆やってみよう

　相談者は短所と考えていても、対人援助職から見れば長所ということもあります。できるだけ、相談者の良いところを見つけて伝えましょう。

短所とみれば	長所とみれば
●優柔不断	●慎重に検討できる
●自分の意見を言えない	●周囲の意見を聞くことができる
●集中力がない	●さまざまなことに関心をもてる
●頑固	●自分の意見や考えをもっている

「肯定的な見方」を事例2（P.23）の場面で見てみましょう。

> **≫ Cさん（66）の事例**
> 1年前から右麻痺の夫のDさん（72）を自宅で介護している。病気のため病院から入院と手術を勧められたが、「入院を待ってほしい」と看護師に話したため、相談室を紹介されてきた。相談の中で、夫に自分の病気について話せていないことがわかった。

夫に病気について話そうと思ってはいたのですが・・・。先送りしているうちに時間が経ってしまって。

Cさん

対人援助職

ええ。（深く一度うなずく）

私は昔から、思ったことがなかなか言えない性格でした。波風を立てるのが嫌で、自分が我慢すればいいと思って。**気が弱いというか、事なかれ主義というか。**（否定的な捉え方）

Cさん

対人援助職

そうでいらしたのですね。Cさんは、周りの状況を見ながら、**多くの方をサポートしてこられたのですね。**（肯定的な捉え方）

え？　まあ、そうとも言えますかね。今までそんな風に考えたことはなかったのですが。そういう見方もあるかもしれませんね。（少し上を向いて、思い出すような様子を見せる）

Cさん

対人援助職

そして、今回はご自身のお気持ちを、率直に看護師に伝えてくださり、**なんとかしたいと相談に来てくださいました。**（肯定的な捉え方）

ええ。そうでしたね。今回は思い切って自分の気持ちを言うことができたんですよね。案外できるものですね。（自分への自信）

Cさん

POINT

対人援助職が肯定的な見方を伝えたことで、Cさんは、自分が短所と思っていたことが長所でもあったことに気づきます。今までの自分の経験を肯定的に振り返ることで、自分への自信を取り戻していきます。

別な角度からの考えを伝える②
客観的な見方

相談者の話を客観的な視点から捉え、それを伝えます。相談者は自分の問題や状況を捉えなおし、新たな角度からの問題解決へ進んでいきます。

さまざまな視点から捉えるきっかけをつくる

　相談者は自分の思い込みや先入観でできごとを捉えてしまい、客観的な状況が見えにくくなっていることがあります。対人援助職が違う見方を伝えることで、相談者は、違う方向からの問題解決へ踏み出します。

◆やってみよう

　まずは、相談者の気持ちや見方を尊重し受け入れます。その後、違う見方につながるような質問を投げかけたり、対人援助職が違う見方を直接的に伝えます。

いつもうまくいかないのです。

相談者

（うまくできたこともあったのではないだろうか）そうなのですね。○○のときは、できていらしたと思うのですが。

対人援助職

― ＊ ― ＊ ― ＊ ―

そんなこと、自分にはできないと思います。

相談者

（今までの対処法は使えないだろうか）そうお考えなのですね。以前どうやって解決されたのか、お話くださいますか。

対人援助職

― ＊ ― ＊ ― ＊ ―

③

みんなが私を信頼してくれないのです。

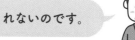
相談者

（本当に「みんな」なのだろうか。周りの状況はどうなのだろう）そうなのですね。どなたがそうおっしゃっているのですか。

対人援助職

「客観的な見方」を使った相談を事例2（P.23）で見てみましょう。

> **≫ Cさん（66）の事例**
> 1年前から右麻痺の夫のDさん（72）を自宅で介護している。病気のため病院から入院と手術を勧められたが、「入院を待ってほしい」と看護師に話したため、相談室を紹介されてきた。相談の中で、夫に自分の病気について話せていないことがわかった。

あのう、夫に私の病気のことを話したほうがいいですよね。

Cさん

対人援助職

ええ。<u>私は</u>そう思います。（I（アイ）メッセージで強い支持を伝える）

でも、夫は検査をするって言っただけで、口数少なくて機嫌が悪かったし。手術とか入院とかいうことになれば、どれほど機嫌が悪くなるかなと思って。

Cさん

対人援助職

そうでいらしたんですね。<u>Dさんは、どうして機嫌が悪くなったのでしょう？</u>（多様な視点への気づきを促す）

う～ん。多分心配なのだと思います。昔から無口ですし、今は病気もあって言葉がうまく出てこないですから。私のこととか、自分の介護のこととかが心配なのだと思います。（客観的な視点からの気づき）

Cさん

対人援助職

Cさんのことが心配・・・。CさんとDさんは、今までお2人で支え合ってこられましたよね。<u>Dさんにしてみたら、Cさんのご病気について本当のことを知りたいのではないでしょうか？</u>（客観的な見方を直接的に伝える）

そうですよね。話さないと夫はかえって心配だし、傷つきますよね。（客観的な視点からの気づきを得て、考え方を変える）

Cさん

POINT

対人援助職が質問を投げかけたり、Dさんの立場からの考えを直接的に伝えたことで、Cさんは、今の状況を客観的に捉えることができるようになってきました。これから、さらに相談が進んでいきます。

7章

伝える

選択肢を示し、自分で決められるように支援する

自己決定が相談の基本ですが、相談者が決定をしにくいときには、選択肢を示して支援します。そのときは選択肢のメリットとデメリットの双方を説明します。

メリットとデメリットを説明する

相談者は自分のことは自分で決めたいと思っているので、対人援助職はその気持ちを支えます。しかし、自己決定は相談者に任せることではありません。十分な情報を伝え、決断しにくい相談者には選択肢を示して選んでもらうことも必要です。

ただし、そのときは、選択肢のメリットや利益だけでなく、デメリットや不利益の両方を説明します。多くの場合、対人援助職のほうが相談者より情報や知識をもっているので、メリットや利益だけを説明されると、相談者はそれをそのまま受け入れがちです。「こうしましょう。これがいいですよ」というような伝え方はよくありません。

一方、デメリットや不利益も理解して選ぶことで、相談者は自分で選んだという気持ちと責任感を強くもちます。さらに、都合の悪いことまで正直に話してくれたと、対人援助職に対しても信頼感が高まります。

◆やってみよう

選択肢を示す場合は、メリットとデメリットの関連性を示します。

×悪い例　あのデイサービスは家庭的で人気がありますよ
　　　　　　　　　　⇒メリットしか伝えていない

あのデイサービスは家庭的ですが小規模です
　　　　　　　　　　⇒メリットとデメリットの関連がわからない

○望ましい例　あのデイサービスは家庭的ですが小規模なので、空きが出るまで待つことになります。　⇒メリットとデメリットの双方を伝えている

注意

・選択肢が多すぎると決められないので、2，3個に絞りましょう
・決断までの時間が短いと焦ってしまい、十分に考えられません。決断するまでの時間は、できるだけ長く取るようにしましょう。

「選択肢を示す支援」を事例2（P.23）で見てみましょう。

> **≫ Cさん（66）の事例**
> 1年前から右麻痺の夫のDさん（72）を自宅で介護している。病気のため病院から入院と手術を進められたが、「入院を待ってほしい」と看護師に話したため、相談室を紹介されてきた。Cさんは、自分が入院中のDさんの介護が気にかかっている。

Cさん

もし、私が入院や手術をすることになると、夫が1人になるので夫の介護が心配です。**介護のサービス**とかでなんとかなりますか？

対人援助職

それは本当にご心配ですよね。介護保険での**サービスの内容**ですね。（Cさんの知りたいことに焦点を合わせる）

Cさん

ええ。

対人援助職

2つの方法があると思います。1つは、Cさんのご入院中、Dさんに老人ホームなどに泊まって過ごしていただく方法です。**24時間介護**することができますが、Dさんはお家ではなくいつもと**違う環境で過ごす**ことになります。（メリットとデメリットの両方を示す）

Cさん

はい。わかりました。

対人援助職

もう1つは、ご自宅に誰かが訪問してお手伝いしたり、Dさんに昼間だけサービスに通ってもらう方法です。こちらですと、Dさんは**慣れた環境で過ごす**ことができますが、**お1人になる時間が多く**なります。（メリットとデメリットの両方を示す）

Cさん

ええ。どちらも一長一短ということですね。それでもなんとか方法があると知って、少し安心しました。

対人援助職

ええ。どんなサービスを使うかは、**今決めなくてもよい話**ですので、具体的になったら相談しましょう。（決定までの期限は長くする）

POINT

対人援助職がサービスの内容を簡潔に説明し、それぞれのメリットとデメリットを伝えたことで、入院中の夫の介護の具体的なイメージがつくれました。これにより、ご自身の入院や手術に向けて、相談が進んでいきます。

わかりやすく伝えるために準備する

大事なことを相談したり説明するときは、相談者にあらかじめ聞く準備をしてもらいます。また対人援助職も資料などを準備し、相談に備えます。

相談者に注意を向けてもらう

相談中に相談者がずっと集中力を保つことはできません。特に、相談を終えるころには、相談者には疲れも出てきます。

大事なことを話すときに、対人援助職が「それでは、今日のお話をまとめましょう」などと声をかけることで、相談者も「あ、これから大事な話があるのだな」と気づき、再度注意を向けるとともに、大事な話を聞くための心の準備やメモの準備を始めることができます。途中で説明をするときも、「では、ここで○○についてご説明しますね」などとはっきりと伝え、これから大事なことを話すのだということを明確にしましょう。

◆やってみよう

「まとめ」のときに使う言葉や、直接的な呼びかけで、相手の注意を引きます。

「まとめ」の言葉などを使う	●「そろそろ終わりのお時間が近づいてきました」 ●「それでは今までのお話をまとめましょう」 ●「そうしましたら、××については、○○でよろしいでしょうか？」 ●「最後に、こちらをご確認くださいますか？」
直接的に注意を向けてもらう	●「○○さん」と名前でよびかける ●「こちらをご覧ください」とパンフレットなどを取り出す ●「これから少し難しい話になります」と前置きをする ●「メモなどのご準備はよろしいでしょうか」と促す

アドバイス

相談者にとって、社会保険制度や行政のサービスなどはなじみがなく、聞くだけでは十分に理解できないこともあります。医療保険制度や介護保険制度、障害福祉サービスなどのパンフレット、「はい・いいえ」で答えられるフローチャート、書いて説明するためのメモなど、視覚的に理解できる資料を用意しておくとよいでしょう。

「準備をしてわかりやすく伝える」様子を事例2（P.23）で見てみましょう。

> **≫ Cさん（66）の事例**
> 1年前から右麻痺の夫のDさん（72）を自宅で介護している。病院から入院と手術を勧められたが、「入院を待ってほしい」と看護師に話したため、相談室を紹介されてきた。Cさんは、Dさんの介護が心配だったが、相談を進めていくうちに、「自分の入院中は介護サービスが使えるのではないか」と考えはじめた。

対人援助職

Cさん。（直接呼びかけて注意を引く）もしよろしければ、先ほどの介護保険の制度について、説明したいのですがいかがでしょうか？

あ、そうですね。前にも説明してもらったのですが、よくわからなくて。（顔を上げて対人援助職を見る。注意を戻す）

Cさん

対人援助職

そうでしたか。それでは、**介護保険制度についてご説明**しますね。（説明する内容を明確に伝える）
介護保険は少し複雑な制度なのです。（集中してほしいことを、あらかじめ伝える）
Cさんがお住まいの△△市で出している**パンフレットを使って、**順々にご説明しますね。（身近な地域のわかりやすいパンフレットをあらかじめ用意している）

ええ。（パンフレットを見ようと身を乗り出す）
うわ。細かいですね。

Cさん

対人援助職

ええ。とても細かいですよね。（繰り返しで共感）**では、まずこちらをご覧**ください。（直接的に注意をパンフレットに向ける）

ええ。ここですね。

Cさん

POINT

Cさんは、対人援助職の声かけによって、これから複雑な説明があることを理解し、注意を集中しようとしています。対人援助職も、パンフレットなどを準備していました。これからCさんにわかっていただけるように、具体的な説明をはじめます。

7章

伝える

167

わかりやすく整理する

相談で話されたことを振り返りながら、時系列や内容別に要点を整理します。相談者とともに解決すべき課題を明らかにし、優先順位をつけていきます。

要点を整理し優先順位をつける

　相談で話されたことは多岐にわたります。相談を終えるときは、漫然と終えるのではなく、相談者と対人援助職が一緒に要点をまとめ、問題を整理します。そして、その問題の優先順位をつけて、取り組む順番も確認していきます。

　このまとめや振り返りをおこなう中で、見落としを見つけたり、新たな気づきを得たりすることもできます。要点は、時系列や内容別に分けるなどでまとめるとわかりやすいです。P.142〜143の「要約」も参考にしましょう。

事例2を使って、要点の整理方法を確認しましょう。

> **≫Cさん（66）の事例**
> 1年前から右麻痺の夫のDさん（72）を自宅で介護している。病院から入院と手術を勧められたが、「入院を待ってほしい」と看護師に話したため、相談室を紹介されてきた。Cさんは、Dさんの介護が心配だったが、相談を進めていくうちに、「自分の入院中は、Dさんのために介護サービスが使えるのではないか」と考えはじめた。

◆状況を時系列で整理してみると

時系列	Cさんの状況
今まで	自分1人でDさんの介護をしてきた
現在	急な病気のため自分だけで介護ができない状況になった
これから	誰かに手伝ってもらわないと介護が続けられない

◆相談の内容で整理してみると

相談の内容	Cさんの状況や気持ち
自分の病気について	治るかどうか不安をもっている
医療費の支払い	経済的に余裕がなく、高額になると払えない
夫の介護について	自分が入院中は、Dさんの介護を担当する人がいない
夫との関係	自分の病気のことをDさんに伝えられていない

対人援助職

今日はCさんがご入院をどうしようか迷っているとのことでお話を伺いましたが、今日のお話の内容は大きく分けて4つになるかと思います。（相談の内容を整理することを伝える）

（だまって大きくうなずく）

Cさん

対人援助職

1つ目はCさんご自身の病気へのご心配、2つ目は医療費のこと、3つ目はご入院した場合のDさんの介護、そして最後がDさんに病気のことを話すかどうかということだったように思うのですが、Cさんはいかがでしょうか？（内容を整理し、考えてもらう）

ええ、そうですね。（少し思い出す様子を見せる）

Cさん

対人援助職

Cさんはどれがいちばんご心配ですか？
（優先順位を考えてもらうための閉じられた質問）

難しいですよね。やはり自分が入院した場合の夫の介護・・・。でも、介護保険を利用するとしても、まずは夫に病気のことを話さないといけないし。（Cさんが自分で整理する）でもね。（ためらう様子）

Cさん

対人援助職

でも？（繰り返しで掘り下げる）

実はまだ自分でも病気のことや、手術のことがよくわかっていないのです。だから夫にも詳しく話せないのもありますかね。（新たな気づき）

Cさん

対人援助職

ああ、そうでいらしたんですね。それはご不安だったことでしょう。（共感）そうしたら、ご病気について医師から説明する機会をつくったほうがよろしいでしょうか？

そうですね。そうしてもらえたら、とてもありがたいです。

Cさん

POINT

相談も終わりに近づいたので、Cさんの問題を内容別に整理したところ、Cさん自身で解決の道筋と優先順位をつけられました。今後は、この道筋に従って支援をおこなっていきます。

わかりやすく伝える話し方

話の順序、声のトーン、表情やジェスチャーに気をつけます。また、相談者の知りたいことや期待している内容を話すことが、わかりやすさにつながります。

相談者の知りたいことや期待に合わせて話す

　話を順序よく組み立て、ゆっくりと落ち着いた声で話すと、わかりやすく伝わります。さらに表情をつけ、ジェスチャーなどを入れると効果的です。ただし、ただ詳しく話すことがわかりやすいわけではありません。

　相談者は自分の知りたい情報を得たときや、相談が期待に沿った内容であったときにわかりやすかったと思うのです。基本を守りながらも、相談者の様子に合わせて話をしていきましょう。

◆やってみよう

順序

1. 導入「○○についてお話したいのですが」
2. 大事なこと「○○は・・・・・」
3. 確認「ここまでで、もっと説明したほうがいいところはありますか」

これで、ひとまとまり。違う話をするときは、またこの順序で進める

声

- その人にとってちょうどよい大きさで話す
- 低めの落ち着いたトーンにする
- ゆっくりと話す

（ただし、相手がてきぱきとしている場合などは、相手のペースに合わせる）

伝え方

- 5W1H（いつ、どこで、何を、誰が、なぜ、どのように）を明確にする
- 語尾まではっきりと話す、矢継ぎ早に話さない
- 長くとも3文くらいで区切り、相手の反応を確認する

非言語

- 適宜アイコンタクトを取る
- 表情を使う
- 上半身を中心にジェスチャーを使う
- パンフレットなどの資料を使う

「わかりやすく伝える話し方」について、事例2（P.23）で見てみましょう。

> ≫ Cさん（66）の事例
> 1年前から右麻痺の夫のDさん（72）を自宅で介護している。病院から入院と手術を勧められたが、「入院を待ってほしい」と看護師に話したため、相談室を紹介されてきた。CさんはDさんの介護が心配だったが、相談を進めていくうちに「自分の入院中は、Dさんのために介護サービスが使えるのではないか」と考えはじめた。

それから、あのう・・・。お金のことなのですが。前に少し話したのですが、うちは年金があまり多くなくて・・・。入院が長くなると、費用が心配です。

Cさん

対人援助職

ええ。Cさんは、医療費のご心配をしていらっしゃいましたね。（眉にしわを寄せて心配そうな表情でうなずく）そうしましたら、これから医療費のご説明をしますね。（説明する内容を明確に伝える）

あの、さっきの夫の介護保険とは違うんですよね。

Cさん

対人援助職

ええ。違うのです。（うなずきながら、ゆっくりと）
介護保険は、Dさんの介護のための保険なのです。Cさんの手術は、Cさんが入っている医療の保険を使います。（医療費の説明は後にして、Cさんの疑問に答える。「誰」、「何」を明確にする）

夫と私は違う保険を使うということなのですか？

Cさん

対人援助職

ええ。その通りです。DさんはDさんの介護保険、CさんはCさんの医療保険を使います。（手で区切るようなジェスチャーをつけながら伝える）

ああ、そうなんですね。（うなずく）

Cさん

対人援助職

では、Cさんの医療費についてご説明してよろしいでしょうか？
（相手の反応を見て、説明する内容を再度明確に伝える）

POINT

対人援助職は、臨機応変にCさんの知りたいことに対応しました。また、対人援助職はわかりやすくするために、意識的にジェスチャーを入れています。これにより、Cさんは医療費についての説明を聞く気持ちになりました。

専門用語を使わない

対人援助職が働く職場では、専門用語や略語が頻繁に使われていますが、相談者にとっては初めて聞くことばかりです。専門用語や略語は使わずに、わかりやすく伝えましょう。

相談者が使い慣れている言葉にする

　対人援助職が働く医療・福祉・介護などの現場は、専門職ばかりですから、多くの専門用語が飛び交っています。また、忙しい中で情報を伝達するために、頻繁に略語を使っています。職名もカタカナが多いですよね。しかし、相談者にとっては非日常の世界であり、初めて聞く単語や内容に戸惑っています。また、病気や障害などのため、判断力や理解力が低下している人も少なくありません。

　対人援助職は専門用語や略語、カタカナ語は使わずに、相談者が使い慣れている言葉に変えていきましょう。簡単な説明を加えるとさらにわかりやすくなります。

- -

◆こんなにある専門用語や略語、カタカナ語

職名	ドクター、ナース、PT、OT　ケアマネジャー、MSW（メディカルソーシャルワーカー）、ソーシャルワーカー、ケアワーカー
専門用語	ケアプラン、ムンテラ（医師からの病状説明）、カンファレンス（カンファ）、バイタル、インテーク、既往歴、生活歴、アセスメント、ターミナル、ADL、IC（インフォームド・コンセント）など

◆言い換えてみよう

× ケアマネさんにケアプランをお願いするのはいかがですか？

○ ご自宅で介護する際の計画を作る専門の職員がいますので、その人に計画を立ててもらうのはいかがですか？

× 既往歴をお教えください。

○ 今までのご病気についてお教えください。

× ADLはどのような様子ですか？

○ 立ったり座ったりといったお体の動きはいかがでしょうか？

「専門用語や略語を使わない」相談を、事例2（P.23）から見てみましょう。

> **≫ Cさん（66）の事例**
> 1年前から右麻痺の夫のDさん（72）を自宅で介護している。病院から入院と手術を勧められ、相談室にやってきた。CさんはDさんの介護保険を利用して、サービスを使おうかと考えはじめた。

あのう、夫の介護のことなのですが、もしお願いするとしたら具体的にはどんな風になるのでしょうか？

Cさん

対人援助職

まず、Dさんがどのぐらいの介護が必要かという判定を、○○市にしてもらいます。

はい。判定をしてもらう。

Cさん

対人援助職

その判定が出た後に、ご自宅での介護をどのようにしたらよいかを、Dさんの担当者と一緒に考えていくことになります。この職員のことを「ケアマネジャー」といいます。（ケアマネジャーについて簡単に説明する）

あ、聞いたことあります。ケアマネさん、ですよね？

Cさん

対人援助職

はい、そうです。Cさんがご入院なさる前に、そのケアマネジャーがご自宅を訪問し、CさんやDさんと一緒に相談して介護の計画を作ったり、サービスを提供する会社との打ち合わせをすることになると思います。（ケアプラン、サービス担当者会議といった言葉を使わずに説明する）

ああ、そうなのですね。

Cさん

+α

最近は日本で生活する外国人も増えてきました。日本語を母語としない相談者の場合は、専門用語や略語だけではなく、漢字語も難しいので、例えば「無料です→お金はいりません」など簡単な日本語を使うようにしましょう。
また、「クタクタ」、「こっそり」、「パクパク」などといった、擬態語や擬音語なども理解が難しいので、できる限り使わないようにしましょう。

わかっていることを確認する

相談者が情報や状況をどこまでを理解しているのか、あるいはどこがわからないのかを確認します。わかっているはずと思い込んで話を進めると、行き違いが大きくなります。

わからないことが当たり前と考える

相談者は、対人援助職が話した内容をすべて理解しているわけではありません。むしろ、初めて聞くことなども多く、わからないことのほうが多いかもしれません。

しかし、相談者は聞いたら怒られるかもしれないという不安があったり、話が整理できず何を聞いていいいかわからない状態にあったりして、なかなか「わからない」と言い出せません。わかっていないのに、つい「はい」と答えてしまうこともあります。

そのようなときに対人援助職が、わかっているだろうと話を進めると、疑問がそのままになり、行き違いが生じてしまいます。相談者の言葉だけではなく、表情や動作をよく見て、理解しているかを確かめましょう。また、途中で質問をして「わかっていること」を確認したり、相談者と要点を繰り返したりすることも有効です。

◆「わからない」ときのサイン

相談者がわからないときは、以下のようなサインが出ていることが多いです。言葉だけを鵜呑みにするのではなく、相談者をよく観察し、理解度を確認しましょう。わかっていないときには、再度説明をしたり、わかりやすく言い換えたりします。

①言葉の数が少なくなる	理解できずに話についていけないと、だんだん口数が少なくなる
②うなずきの回数が減る	わからないからうなずけない
③注意や視線がそれる	理解できない話は興味がなくなり、注意や視線がそれる
④声が小さくなったり、トーンが低くなる	自信がないときは、低く小声になる
⑤返答までに時間が空く	問いかけた後、間を置いて「わかりました」などと言う場合は、納得していないか理解していない
⑥似た内容の質問を何回もする	十分に理解できていないので、説明がほしいと思っている

◆わかっていることを確認するために

　言葉だけではなく、相談者をよく観察し、理解度を確認しましょう。わかっていないときには、再度説明をしたり、わかりやすく言い換えたりします。

1.質問をする

　話の区切りなどで相談者の理解を確認します。話が長くなると確認のポイントがあいまいになるので、1つの話が終わったら、確認の質問をするようにしましょう。質問するときは、相談者が「はい」と答えられるような問いかけをしたほうが有効です。

7章
伝える

悪い質問の例	良い質問の例
対人援助職：「ここまでよろしいですか?」、「これは大丈夫ですか?」	対人援助職：「ここまでで、もう少し説明したほうがよいところはありますか?」
↓	↓
相談者は「いいえ」とは言いにくい。「はい」「大丈夫です」と答えてしまう。	相談者は「はい」と答えられる。「はい。○○について、もう少し教えて下さい」と疑問点を話せる

2.要点を一緒に確認する

　今日の相談の内容や要点を、相談者と整理します（P.168～169参照）。話の区切りごとに相談者の表情や動作を見て、理解しているかどうかを確認します。

<実践例>

対人援助職

今日のお話の内容は大きく分けて4つでしたね。
1つ目は××についてだったかと思います。

ええ。そうでした。（顔を上げてうなずく
⇒理解していることを確認する）

Cさん

対人援助職

2つ目は○○についてでした。

はい。（問いかけに間が空いて返答する。
⇒理解が十分でないと判断する）

Cさん

対人援助職

2つ目の○○について、もう少しご説明しましょうか?

はい。お願いします。（はいと答えられる問い
かけだったので、わからないことを聞ける）

Cさん

安易に保証しない

「絶対大丈夫です」、「私にお任せください」など保証する言葉は、無責任ですし、依存を生むことにもなりかねません。背景にある不安感に共感していきましょう。

「絶対」、「必ず」などと安易に言わない

　不安の中にある相談者は、対人援助職に対して「絶対うまくいきますよね？」などと保証を求めることがあります。対人援助職も相談者の不安を解消しようと、「絶対大丈夫ですよ」、「私にお任せください」などと答えたくなってしまいます。しかし、物事に絶対はありませんし、根拠のない保証は無責任です。そして対人援助職の「お任せください」という言葉は、問題解決に対する相談者の主体性や意欲を失わせ、対人援助職への依存心を生むことにもなりかねません。

　さらに、「皆さんも○○していますよ」などという応答も、一見相談者を安心させるように思えますが、相談者一人ひとりの違いを考慮しているとはいえず、相談者を誘導することにもなり不適切です。

NG ワードの例

絶対大丈夫です。必ずうまくいきますよ。
まったく心配ありません。
私に任せてください。皆さんも××していますよ。

相談者が保証を求めてきたときは

　まず、相談者の不安感に共感します。その後、相談者が頑張ってきたことを評価する、対処方法は他にもあることを伝えるなどし、相談者の不安感を軽減していきます。

（例）「もしうまくいかなかったらと、心配していらっしゃるのですね。」
　　　「ここまで一生懸命やっていらしたから、後は結果を待ちましょう。」
　　　「もし、今後心配なことが出てきたら、そのときにまた方法をご一緒に考えましょう。」

◆悪い例

介護のサービスを使えば、私も自宅で介護を続けることができるのでしょうか？

Cさん

対人援助職

ええ。皆さん、ご自宅で介護をしていますから。××さんも絶対大丈夫ですよ。何かあったら、私にお任せください。

よかった。そう言ってもらって安心しました。

Cさん

POINT

「皆さん」という言葉を使い、相談者一人ひとりの事情の違いに配慮していない。「絶対」と言って安易に保証をし、対人援助職に依存させている。

◆望ましい例

介護のサービスを使えば、私も自宅で介護を続けることができるのでしょうか？

Cさん

対人援助職

××さんとしては、介護サービスを利用しながら自宅で介護を続けたいというお気持ちでしょうか？

ええ、今はそう思っているのですが・・・。介護は長くなるし、ずっと続けられるか心配なのです。状態が変わるかもしれませんし。

Cさん

対人援助職

ご心配ですよね。もし今後、ご状況に変化があったときは、またご一緒に良い方法を考えることもできますよ。

POINT

相談者の不安を察知して、共感している。どのような状況でも相談者と一緒に問題解決当たる姿勢を示して、不安感を軽減するように応答している。

他者に情報を伝えるときは、相談者の了承を得る

相談はチームでおこなうものですが、情報を共有する際は、「何を、誰に、いつ伝えるのか」を明確にし、相談者の了承を得なければなりません。

共有する情報を明確にして、相談者に了承を得る

　相談者の秘密を守ることは相談をおこなう際の重要な原則です（P.44〜45参照）。一方で、相談者の問題を解決するために職場の同僚や他部署、場合によっては他機関に情報を共有しなければならないこともあります。その場合は、共有する情報の範囲をあいまいにすることなく相談者に伝え、了承を得ることが必要です。

　もし相談者が他者への情報共有を拒んだ場合は、法律の定めや生命の危険がある場合を除き、他者へ情報共有をおこなうことはできません。

◆この順番でやってみよう！

1. 情報を共有したいことを伝える	例：「今日の○○さんのお話を、他の職員にも伝えたいのですが。」

2. 共有したい情報の内容を伝える	例：「○○さんがどのような不安があって生活しているかなどを伝えることで、現場でも状況を理解し、さまざまな配慮ができます。」

3. 共有したい相手を伝える	例：「介護をしている職員と看護師に、今日のお話を伝えたいと考えています。」

4. 共有する時期と方法を伝える	例：「ご利用者様の状況を話し合う会議が××日にあるので、そこで私から話そうと思います。」

5. 了承を得る	例：「このように、○○さんの情報を伝えてもよろしいでしょうか？」

「情報共有の進め方」を事例2（P.23）から見てみましょう。

> **≫ Cさん（66）の事例**
> 1年前から右麻痺の夫のDさん（72）を自宅で介護している。病気のため病院から入院と手術を勧められたが、「入院を待ってほしい」と看護師に話したため、相談室を紹介されてやってきた。

対人援助職

ここまでCさんのお話を伺ってきましたが、Cさんは、入院や手術自体がお嫌なわけではなく、主にDさんの介護や医療費のことで、入院をためらっていらしたと理解しています。（要点を整理し、確認する）

おっしゃる通りだと思います。

Cさん

対人援助職

Cさんの治療を進めるに当たって、今日の相談の内容を医師や看護師にも伝えたほうがよいかと思うのですが、いかがでしょうか？（目的と共有先の確認）

そうですよね。看護師さんから紹介されて、こちらに来たわけですし。

Cさん

対人援助職

Cさんが入院をためらっていらした背景と、ご自分の病状についてもっとくわしく知りたいと思っていることを伝えたいのですが。（伝える内容の確認）

ええ。お願いしたいと思います。（相談者の了承を得る）

Cさん

対人援助職

では、今日医師や看護師との打ち合わせがあるので、そこで私からまず口頭で状況を伝えてよろしいですか？（方法の確認）

わかりました。お願いします。

Cさん

POINT

Cさんは、医師や看護師への情報共有へ同意してくれました。今後はチームとして、治療方針の検討や環境調整に向け、具体的に進んでいきます。

他の部署や他の機関に
つなげる方法を確認する

対人援助職だけで問題を解決できない場合は、他部署や他機関につなげていきます。その際は、相談者の力と意欲に応じ、支援方法を変えていきます。

できるだけ相談者自身が相談できるようにする

　相談者の問題の内容によっては、対人援助職が他部署や、他の施設、行政機関などに相談をつながなければならないことがあります。

　しかし、相談者の問題を解決するのは相談者自身ですので、相談者自身が行動することで問題解決の意欲も高まり、自分でできたという自己肯定感も高まります。(「問題を解決するのは相談者自身」P.40 を見ましょう)

　対人援助職がすべて代行するのではなく、相談者の力と意欲に応じ、できるかぎり相談者が自分でできるように支援しましょう。

◆やってみよう

①情報を伝えれば、相談者が自分でできる場合

　⇒パンフレットを渡すなどし、相談先を確認したうえで、相談者自身が相談に行く。

②自分で状況を伝えることが、少し心細そうな場合

　⇒相談者の了承を得たうえで、他機関に連絡をして担当者に概略を説明しておく。

> その後、相談者自身が担当者を訪ねて、相談に行く。

③相談者だけで相談を進めるのが難しい場合

　⇒相談者の了承を得たうえで、他機関に連絡をする。その後、訪問や会議を設定して、対人援助職と相談者が一緒に相談する機会をつくる

・注意・

相談者に命の危険があるなど緊急の場合は、対人援助職が他機関などと連絡を取り、連携体制を取ることもあります。緊急と思われる場合は、上司や同僚と相談し、緊急度の判断をしましょう。

「他機関への連絡方法」を事例2（P.23）で見てみましょう。

> **≫ Cさん（66）の事例**
> 1年前から右麻痺の夫のDさん（72）を自宅で介護している。病院から入院と手術を勧められ、相談室にやってきた。Cさんは自分の入院中はDさんの介護保険を利用して、介護サービスを使おうかと考えはじめた。

夫の介護のことなのですが、判定をしてもらうのはどこに申し込むのでしょうか？

Cさん

高齢者の相談をおこなっている「地域包括支援センター」というところで、申請ができます。

対人援助職

地域・・・包括支援センター・・・ですか？（自信がなさそうな様子）

Cさん

ええ。Cさんのご自宅のそばの○○出張所の2階にあります。よろしければ、私から担当者に連絡をして、Cさんが相談にいらっしゃることや、状況を伝えておきましょうか？（Cさんが自分で相談に行きやすいようにする）

対人援助職

あ、○○出張所の2階。だったら明後日くらいに相談に行けると思います。
すみませんが、そこに連絡しておいてもらえますか？

Cさん

わかりました。では、これから電話をして話をしておきますね。担当者がわかったら、Cさんにお伝えします。

対人援助職

お願いします。

Cさん

POINT

1人で相談に行くのは心細そうなCさんでしたが、対人援助職が事前に連絡を入れると言ったことで不安が軽減し、自ら相談に出向くこととなりました。これで、Cさん自身が問題解決に向けて動き出しました。

7章

伝える

今後の方針などを確認し、相談を終える

相談を終えるときは、これから相談者と対人援助職が取り組むことを確認します。また、必要なときはいつでも相談に応じることも伝えておきます。

今後の方針や取り組むことを確認する

　相談を終える際は、今日の内容を振り返り、相談者と対人援助職が取り組むことを明確にします。誤解が生じないように「誰が、何を、いつまでにやるのか」を、相談者と一緒に確認しましょう。次回の予定がある場合は、それも確認しておきましょう。

　さらに相談の終わりに、ねぎらいの言葉を入れることで、相談者は再度、受け容れられたという気持ちになり、今後の問題解決への意欲をもつことができます。

　最後に、相談者が不安になったり、聞きたいことがある場合には、対人援助職に連絡してよいことを温かい態度で伝えましょう。

◆相談を終える際には

①次回の日時の確認

（例）では、次のご相談は〇月〇日　〇時ですね。また、こちらでお待ちしていますね。

②取り組むことの確認

（例）●次回お会いするまでに、私は××と△△を致します。結果は電話でご報告しますね。

　　　●〇〇さんには、××日までに～～をお願いできますか？終わられたら、お電話でご連絡いただけると助かります。

③ねぎらいの言葉をかける

（例）●今日はお時間をいただいて、ありがとうございました。

　　　●長い時間のお話で、お疲れになったでしょう。

④今後も相談に応じることを伝える

（例）●気になることがありましたら、いつでもご連絡ください。

　　　●これからもご相談があるときには、いらしてくださいね。

「相談の終え方」を事例2（P.23）で見てみましょう

> **≫ Cさん（66）の事例**
> 1年前から右麻痺の夫のDさん（72）を自宅で介護している。病院から入院と手術を勧められ、相談室にやってきた。Cさんは自分の入院中はDさんの介護保険を利用して、介護サービスを使おうかと考えはじめた。

対人援助職

そろそろお時間ですね。今日は長い時間でしたから、お疲れでしょう。（ねぎらいの言葉）

ええ。まあ。（ホッとした様子）

Cさん

対人援助職

そうしましたら、この後、私は医師と看護師に今日のことを報告しますね。地域包括支援センターにも連絡し、Cさんがご相談に行くことを伝えます。担当者の名前については、Cさんにお電話しますね。（取り組むことの確認）

わかりました。私は明後日くらいに地域包括支援センターに行きます。

Cさん

対人援助職

Cさんにご病状の説明をする件については、医師たちと調整してから連絡します。（取り組むことの確認）

ええ。お願いします。

Cさん

対人援助職

今日はお時間をありがとうございました。（再度ねぎらいの言葉）何かご心配なことがあったら、いつでもお電話くださいね。

はい。わかりました。こちらこそ、ありがとうございました。

Cさん

POINT

対人援助職は相談を終えるに当たり、まずねぎらいの言葉を伝え、その後、確認事項に移りました。これで、Cさんも、相談したことを肯定的に捉えることができ、具体的な問題解決を進める気持ちになりました。

振り返りの時間をもとう

　この章では、伝える技術を中心にお伝えしてきましたが、伝える技術を使うには、頭をフル回転させなければなりません。相談者のお話を聴きながら、本当の気持ちを探り、状況を整理して、自分の言葉や態度を効果的に使う・・・。すべてが同時進行で瞬時に判断して反応することが求められます。瞬間的な判断ですから、相談のときに自分がとった行動や言動が、正しかったとも限りません。

　ですから、私は毎日、自分の相談を振り返る時間をつくっていました。最初のうちは業務日誌をつける際に振り返っていましたが、そのうちにお風呂時間〜バスタイムが振り返りタイムとなりました。リラックスするはずのバスタイムですから、ストレス解消上はよくないのかもしれませんが、私にはゆっくりと振り返ることができる大事な時間でした。

　その日の相談内容を思い出し、「あのときはこう答えればよかった」、「あの方は本当はこう言いたかったのかな」などと反省したり、理不尽なできごとやうまくいかないことに怒ったり、涙を流したりと過ごしていました。

　もちろん、相談をやり直すことはできませんが、その振り返りが次の相談につながっていきます。そして、お風呂の中で怒ったり、泣いたりすることで、心の平静が保てていたようにも思います。

　振り返るときは、できなかったことだけではなく、できたことやうれしかったことも思い出してみましょう。仕事の中では、できなかったことよりもできたことの方が多いはずです。相談者の良いところを見つけるのは対人援助職の得意技ですが、自分の良いところも見つけて、自分の成長を実感できたら、さらに仕事が楽しくなっていきますね。

　一日のうちの少しの時間で構いません。その日のできごとを振り返る時間をつくり、次の日につなげていきましょう。

高橋明美

8章

相談者の情報を
整理する

相談者の困りごとを解決するには、相談者の情報を整理する
ことが大切です。支援をするために必要な情報を整理するに
は、さまざまな技術があります。その技術の意味を理解し、
活用できるように学んでいきましょう。

記録の意味を理解する

記録は対人援助職にとって支援の過程で不可欠なものです。対人援助職がなぜ記録をする
のか、その意味を理解したうえで、どのように活用されるのかを見ていきます。

支援の過程と記録の種類

　対人援助職が支援をおこなう際には必ず記録を取ります。それぞれの支援の過程に
おいて、どのような種類の用紙に記録を取るのか理解しておくことが必要です。支援
は下記の順番でおこなわれ、支援の終結へと向かっていきます。支援の過程とその際
に使われる記録用紙について理解しておきましょう。

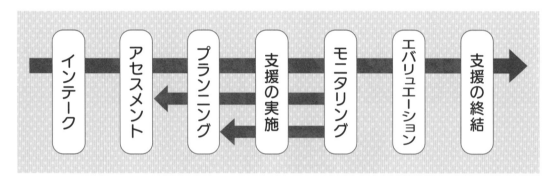

1. インテーク（インテークシート）
　　インテーク（初回面接）前またはインテーク時に、相談者の基本情報を整理します。

2. アセスメント（アセスメントシート）
　　相談者から得られた情報の他に、専門職としてのアセスメント（事前評価）も含め
た内容を記載します。

3. 支援の実施・モニタリング（経過記録）
　　対人援助職は、プラン（計画）に沿った支援の実施をおこない、記録していきます。
モニタリング（中間評価）は日常の業務となり、その内容も記録します。

4. エバリュエーション・支援の終結（終結記録）
　　支援の終結には、エバリュエーション（事後評価）をおこなったうえで、その状況
を記載します。

記録をする意味

①支援の質が向上する

適切な記録を作成すると、支援の質が向上します。支援内容を記録することで考えていたことを整理できたり、自分の言動を客観視することができます。

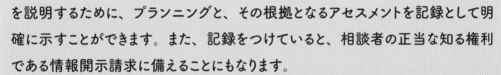

②説明責任に対応できる

専門職として相談者との関わりが妥当であることを説明するために、プランニングと、その根拠となるアセスメントを記録として明確に示すことができます。また、記録をつけていると、相談者の正当な知る権利である情報開示請求に備えることにもなります。

③支援内容の実績の確認と評価がおこなえる

対人援助職による支援内容は、目に見えないものが多く、時間の経過によって確認ができなくなります。そのため、自らの記録という形で残す必要があります。また、支援の実施後には、記録を活用しての評価（モニタリングやエバリュエーション）をおこない、その内容も記録します。

④支援の継続性と一貫性を保てる

対人援助職はさまざまな他職種や他機関と連携します。また、担当者のお休みや変更の際には、これまで関わった支援内容の引継ぎが必要となります。記録を活用して、他者と適正に情報共有することにより、支援に継続性や一貫性をつくることができます。

⑤振り返りや研究の素材となる

対人援助職が、相談者をどのように捉え、判断し、介入したかが可視化された記録を活用して、自身が支援内容を事例検討などで振り返ることができます。また、蓄積した記録は豊かな研究の素材になります。

POINT

記録に当たっては丁寧な言葉遣いを心がけ、対人援助職の主観的情報による記載は避けなければなりません。また、記録は多職種と情報共有されるため、同職種にしかわからないような専門用語や略語を使用することは避けましょう。

8章 相談者の情報を整理する

基本情報を整理する

相談者の基本情報を整理するのにインテークシートの活用が有効です。インテークシートの活用の仕方を見ていきましょう。

インテークシートの書き方

　インテークシートには、相談者自身の情報や家族歴の情報など、相談者にとって変化しにくい情報を記載していきます。対人援助職の所属機関によって記載する項目は異なりますが、あらかじめ項目を定め、効率的でわかりやすく、相談者によってばらつきの出ないようにする必要があります。

相談者の基本情報

【相談者自身の情報】

氏名、年齢、性別
相談者の電話番号
病名、既往歴、嗜好（しこう）など

【家族歴の情報】

同居家族、別居家族
家族の電話番号など

【利用制度の情報】

医療保険、介護保険
介護度、年金（額）など

【住まいの情報】

住所、一戸建て、集合住宅
建物の構造など

【生活歴の情報】

仕事、学業
専業主婦、定年後など

相談者

【相談の経緯】

対人援助職のもとにどのようにしてたどり着いたのかの経緯
（例）
● 他機関からの紹介で相談
● ホームページを見ての相談　など

【相談の理由】

対人援助職のもとに相談に来た理由
（もっとも課題だと感じていること）
（例）
● 経済的に困窮し、家賃を滞納しているなど

インテークシートの様式（例）

相談日	20XX年X月X日（金）	相談者： 山田 幸子	本人との関係 （長男嫁）
		連絡先： 090-XXXX-XXXX	相談方法： 電話・(来所)・訪問
ふりがな 本人氏名	やまだ かずお 山田 和夫	(男性)・ 女性	T・(S)・H・R xx年xx月xx日生（78）歳
住所	〒xxx-xxxx 東京都XX市XX町XX-XX		自宅電話： 03-XXXX-XXXX
利用制度	医療保険： 後期高齢者医療	介護保険：(未申請)・非該当・支1・支2・ 介1・介2・介3・介4・介5	
家族歴	本人（78歳）、長男（53歳、会社員）、長男嫁（49歳、専業主婦、主介護者）、長男の息子（17歳、高校3年生）との4人暮らし。本人の妻は、3年前にご逝去。他県で長女家族が生活をしている。		
生活歴	60歳まで公立高校の教員をしていた。定年退職後は、地域の区長なども務め、地域の行事には積極的に参加をしていた。最近では、医師から自動車の運転を止められて免許を返上。それ以降、外出をすることがなくなり、一日中、自宅でテレビを見ながら過ごしている。		
病歴	1年程前に自宅のお風呂で転倒し、動けなくなったところを近隣の病院に救急搬送。右大腿骨頚部骨折の診断で手術・リハビリテーションを行い、2か月後には退院。既往症に糖尿病があり、内服と食事療法を継続している。		
住まい	自宅は一戸建ての二階屋。本人は1階の和室で生活し、長男家族は2階で生活している。建物の築年数は古く、段差も多い。手すりの設置はない。お風呂の浴槽は深いため、退院後はシャワーを利用している。		
経済状況	共済年金を受給し、年金額は1か月に約20万円。預貯金もあり、経済的には問題ない。金銭管理は、本人自身でしている。		
来談の経緯	ここ半年、物忘れなどが目立つようになり、一日中、何か（眼鏡やテレビのリモコンなど）を探し回っている。立ち上がり時にふらつくことが多く、自宅内で転倒することもある。主介護者である長男嫁が心配し、近所に住む友人に相談したところ、地区担当の地域包括支援センターへの相談を勧められて来所した。		
来談の理由	長男嫁は、本人の希望に沿った生活を過ごしてほしいと思っているが、現在の在宅での介護に不安を抱いている。できれば、入浴サービスやリハビリテーションを受けてほしいと思っている。		

POINT

インテークシートに記載する項目が決まっていても、相談者から情報を無理に聞き出すことは避けましょう。また、相談者から情報を得る際には、対人援助職が「なぜ、その情報が必要なのか」を説明できなければなりません。

記録を書く

//

支援の実施に関する記録は、相談者の目の前で書くのではなく、面接後に支援内容を振り返りながら書きます。

記録の書き方

　記録の書き方にはさまざまな方法があります。その書き方には、逐語記録、要約記録、進捗記録などがあり、それぞれに特徴があります。

1.逐語記録

　テープ起こしをしたように、一語一句を忠実に記した書き方です。長文になり、要点がまとまらないため、経過記録にはあまり適しません。教育などで活用するときには、なぜ対人援助職がそのような質問をしたのか、などを振り返ることができるため有効です。

2.要約記録

　支援内容を要約した書き方です。経過記録として広く用いられます。

3.進捗記録

　対人援助職の判断や対応、その根拠となる情報を記した書き方です。

4.SOAP方式

　SOAP方式による記録法は、「Subjective（主観的情報）」、「Objective（客観的情報）」、「Assessment（アセスメント）」、「Plan（支援計画）」の順に体系立てて情報を記載する書き方です。多くの医療機関が用いています。

S（Subjective） 主観的情報	相談者が発言した情報を記載します。
O（Objective） 客観的情報	相談者以外（相談者の家族・他職種・関係機関など）からの情報を記載します。
A（Assessment） アセスメント	主観的情報（S）と客観的情報（O）に基づいた対人援助職の判断を記載します。
P（Plan） 支援計画	アセスメント（A）での判断に基づいた対応を記載します。

事例2（P.23）を使って、SOAP方式を用いた記録を例示しましょう。

> **≫ Cさん（66）の事例**
> Cさんは1年前から右麻痺の夫のDさん（72）を自宅で介護している。Cさんに大腸がんの診断が出て、病院から入院と手術を勧められたが、「入院を待ってほしい」と看護師に話したため、相談室を紹介されてやってきた。

S	「入院するのは少し待ってほしい」
O	Cさん、66歳で専業主婦の女性。夫のDさん（72歳、定年退職後）との2人暮らし。Cさんの両親は他界し、Cさん夫婦には子どもはいない。自宅は持ち家の一戸建てで、夫婦で月10万円の年金で生活。Dさんの定年退職後には夫婦で旅行に行くなど、活動的な生活をしていた。 　Dさんは1年前に脳梗塞（右半身麻痺）を発症し、自宅近くの病院で2か月間程入院。退院前に病院の相談員から介護保険の利用を勧められたが、Dさんは「そんなものは必要ない」「家に他人が入ってくるのは嫌だ」と話し、介護保険の申請には至っていない。 　●月●日、Cさんはかかりつけのクリニックの健康診断で大腸がんの疑いを指摘され、自宅から少し離れた大学病院を紹介。病院では精密検査をおこない、初期の大腸がんと診断。病院の医師から手術をすれば根治が見込まれることの説明を受け、2週間後には入院しての手術が予定されている。
A	これまで、Cさんの献身的な介護によって、夫であるDさんは自宅で何とか生活をしてきた。今回、Cさんは医師より入院して手術をするように説明を受けたが、自身が入院中の夫の介護に不安があり、入院について躊躇している。 　これまで、Dさんの介護保険の申請には至っていないが、Cさんが安心して入院するためには、Dさんの介護保険の申請と介護保険のサービス利用が必要である。
P	Cさんと相談し、地区担当の地域包括支援センターと連携を図り、Dさんへの説明のうえで、Dさんの介護保険の申請、介護保険のサービス利用について検討する。介護サービス利用と併せて、Cさんの入院と手術の日程について話し合う。

8章　相談者の情報を整理する

POINT

SOAP方式での記録は相談者の情報を客観的情報と主観的情報に分けて記載しているため誰が見てもわかりやすくなります。主観的情報と客観的情報が入り混ざらないため、それらの情報から導きだされるアセスメントやプランニングが明確になります。

情報をわかりやすくする① ジェノグラム

相談者やその家族の生活状況や社会関係などの多岐にわたる情報を整理するために、情報を地図（マップ）のように図式化する方法をマッピング技法といいます。

マッピング技法とは

　マッピング技法は対人援助職のアセスメントを支える重要な技術です。また、アセスメントだけではなく、対人援助職の事例検討会などでも幅広く利用されます。

　代表的なものにジェノグラム、エコマップ（P.194参照）、ファミリーマップなどがあります。ここではジェノグラムについて紹介します。

ジェノグラムとは

　基本的には3世代以上の家族間の人間関係を図式化したもので、家族関係や家族模様、家族の歴史を視覚的に把握できる家族関係図です。

＜記載方法＞

- 男性は□、女性は○で記載し、性別が不明の場合には△で記載する。
- 本人（相談者など）の記号は二重で記載し、年齢は記号の中に記載する。
- 名前がわかる場合は記号の側に記載する。
- 夫婦を描く場合、原則、男性は左側、女性は右側に記載する。
- 夫婦の子どもは、一段下に並列に、左から生年順に記載する。
- 夫婦、親子、きょうだいなどを線でつなぐ。
- 同居している人同士を線で囲い、居住場所を記載する。
- 記号の側に、学年、職業、疾患、健康状態などを記載する。
- 死亡した人は、記号を黒塗にするか、記号に×を入れる。
- 関係の近い3世代を記載する。
- 重要な世代があればさらに記載する。

POINT

　マッピング技法は、文章による説明を簡略化するだけではなく、記号や図を用いて情報を整理することで、家族関係や家族模様、家族の歴史などを視覚的に把握したり、社会とのつながりを分析したりすることにも有効です。

AさんとCさん（P.22、23）の事例をもとにジェノグラムをつくってみましょう。

> ≫ Aさん（53歳）の事例
>
> Aさんは専業主婦の女性。夫の母で認知症のあるBさん（82歳）を1人で介護している。怒りっぽくなったBさんが、1人で家に帰れなかったことをきっかけに、困り果てて地域包括支援センターの窓口に相談に来た。

事例1 P.22

相談者
  ： Aさん、53歳、女性、専業主婦

同居家族
  ： Aさんの義母（Bさん）、82歳、女性、認知症
  ： Aさんの夫、58歳、男性、会社員
  ： Aさんの長男、18歳、男性、高校3年生

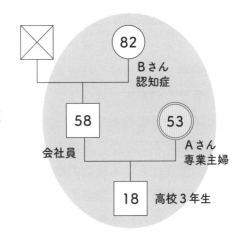

> ≫ Cさん（66）の事例
>
> Cさんは1年前から右麻痺の夫のDさん（72）を自宅で介護している。Cさんに大腸がんの診断が出て、病院から入院と手術を勧められたが、「入院を待ってほしい」と看護師に話したため、相談室を紹介されてやって来た。

事例2 P.23

相談者
  ： Cさん、66歳、女性
    初期の大腸がん

同居家族
  ： Dさん、72歳、男性
    脳梗塞（右半身麻痺）
  ： Cさんの両親、他界

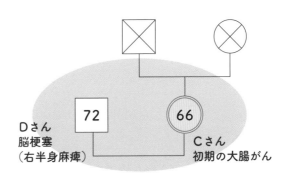

情報をわかりやすくする② エコマップ

ここでは、マッピング技法の1つであるエコマップについて紹介します。
エコマップを見ると相談者が置かれている状況が可視化できます。

エコマップとは

支援の対象となる相談者やその家族との関係、相談者やその家族を取り巻く関係者や関係機関、また地域の社会資源などとの関係を一定の記号で表したものです。

相談者やその家族が結びついている社会関係や、現在置かれている状況を図式化することで、相談者のもつフォーマルな社会資源だけではなく、インフォーマルな社会資源も把握することができます。

また、関係性を示す複数の線を使い分けることで、相談者と社会資源や社会資源間の関係性も把握でき、関係のある問題や課題だけではなく、対人援助職が相談者のストレングス（強み）を見つけることも助けてくれます。

＜記載方法＞

- 中央に相談者のジェノグラムを記載する（p.192参照）。
- 相談者のジェノグラムの周りに、関わりのある社会資源を記載する。
- それぞれの関係性を示す線で結ぶ。

強い関係	: ━━━━━
希薄な関係	: - - - - -
普通の関係	: ─────
関わり	: ───→

POINT

面接中にジェノグラムやエコマップを相談者と共に作成することで、相談者の情報を適確に把握することができ、対人援助職と相談者のパートナーシップも強めます。また、対人援助職が他職種や他機関と情報共有する際に、ジェノグラムやエコマップを活用することも有効です。

事例1（P.22）、事例2（P.23）をエコマップで図式化してみましょう。

> **≫ Aさん（53歳）の事例**
> Aさんは専業主婦の女性。夫の母で認知症のあるBさん（82歳）を1人で介護している。怒りっぽくなったBさんが、1人で家に帰れなかったことをきっかけに、困り果てて地域包括支援センターの窓口に相談に来た。

事例1

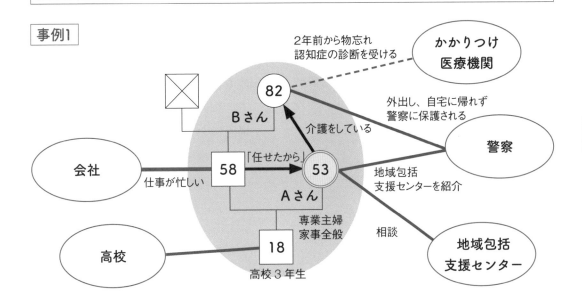

> **≫ Cさん（66）の事例**
> Cさんは1年前から右麻痺の夫のDさん（72）を自宅で介護している。Cさんに大腸がんの診断が出て、病院から入院と手術を勧められたが、「入院を待ってほしい」と看護師に話したため、相談室を紹介されてやって来た。

事例2

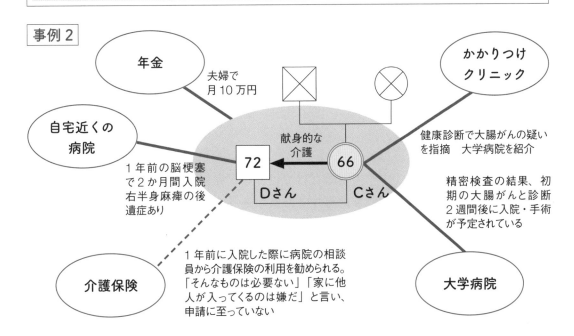

情報を同僚や上司に伝える

対人援助職はさまざまな場面で同僚や上司、他機関に情報を伝えたり、共有したりしなければなりません。効率的に伝える方法を見ていきましょう。

　対人援助職の多くは、何かしらの組織や部門に所属し、専門職としての役割を担っています。そのため、自らの実践を同僚や上司、あるいは組織に報告、連絡、相談する必要があります。また、他機関との連携を通じて、相談者への支援を展開することも少なくありません。対人援助職は、さまざまな場面において、自らのポジションを理解したうえで、情報を伝える必要があります。大切な情報を他者にどのような場面で、どのように伝えるのか、プレゼンテーションの方法について身につけなければなりません。

＜情報を伝える場面＞

● 同僚に伝える

　担当者の休みや変更では、支援の引継ぎが必要となります。また、ケース会議や事例検討会などで、自らの考えや意見を伝える機会も少なくありません。

● 上司に伝える

　部門の一員として専門職の役割を担うには、自らの実践を上司に報告することが必要となります。上司への報告、連絡、相談を通じて、自らの実践について、上司からの承認や指導が得られます。

● 組織に伝える

　組織への報告、連絡、相談は、組織が対人援助職の部門としての活動を理解し、部門をマネジメントするために必要となります。日々の業務の日報、月報、年報などの活用が有効です。

● 他機関に伝える

　支援内容に応じて、１つの組織だけでは支援が完結できない場合には、組織として他機関と連携し、情報を共有する必要があります。支援内容を要約した報告書や連絡票などの活用が有効です。

＜プレゼンテーションのポイント＞

　プレゼンテーションとは、自分の意思を他者に伝え、その思いや考えを受け入れてもらう対人援助職に必要なコミュニケーション方法です。以下の5つのポイントを意識して、効果的に他者に情報を伝えましょう。

---

1. 情報を明確にする
　自分にわからないことは他者には伝わりません。自分が他者に知ってもらいたい、理解してもらいたいことが何かを明確にし、事前に情報を整理することが必要です。

---

2. ストーリーを組み立てる
　何を伝えるのかだけではなく、どのように伝えるのかが大切になります。伝え方では、論理的なつながりを意識して、ストーリー（流れ）を組み立てましょう。

---

3. 視覚的要素を交える
　効果的に情報を伝えるには、聴覚的要素だけではなく、見やすい資料を提示したり、ジェスチャーなどを効果的に活用しましょう。

---

4. 相手の専門性や立場を尊重する
　情報を伝える相手は、同じ専門性をもつ同職種とは限りません。他職種や他機関の場合には、専門用語や略語などに注意しましょう。

---

5. 相手の時間を大切にする
　相手の忙しいときを避けたり、長時間の拘束をしないように、相手の時間を大切にし、限られた時間の中で伝えることが必要です。

POINT

　プレゼンテーションの語源は、プレゼント（贈り物）といわれています。単に自分の考えを他者に一方的に伝えるのではなく、他者の立場に立って、敬意をもって、誠実に伝えることが大切です。

ICT を活用した取り組み

　対人援助の現場では、情報通信技術（ICT：Information and Communication Technology）がさまざまな場面で活用されています。多職種との連携では、医療機関は情報共有のツールとして電子カルテを使用しています。

　電子カルテには、患者の問診内容、検査結果、処方薬などの診療情報をはじめ、対人援助職による進捗記録など、多職種が記載したさまざまな情報が集約されます。多機関との連携では、各地域において医療・介護・福祉に関わる関係機関がグループウェアなどを導入し、効率的・効果的に情報を共有することで、地域の医療・介護・福祉サービスの利用者の生活を支える仕組みを作っています。

　昨今では、ICTを活用したオンライン相談の取り組みもはじまっています。これにより、相談機関に来られない相談者が、対人援助職と互いの非言語メッセージ（表情、視線、身振りなど）も共有しながらの相談を可能としています。

　さらには、インターネット上の仮想空間、メタバースを活用した取り組みも注目を集めています。例えば、同じ病気を抱えている患者同士が交流し、自身の経験や悩みを語り合える場として患者会やサロンがあります。メタバースを活用することでアバター（インターネット上で自分を分身のように表示すキャラクター）により参加することができるため匿名性が担保され、デリケートな話がしやすい、気楽に参加できる、隔地にいる患者同士がつながれるなどのメリットが期待されています。

篠原 純史

9章

自分の感情を整理する

対人援助の仕事は相談者の感情と向き合うため、ストレスと無関係ではいられません。対人援助職も1人の人間です。自分のストレスや感情とどのように向き合い、対応していけばいいのか学んでおきましょう。

ストレスマネジメント

対人援助職がストレスと無関係に仕事をすることは困難です。ストレスの仕組みを理解したうえで、ストレスマネジメントを学びましょう。

ストレスの仕組み

　個人や組織において、適切なストレスの対処方法を理解し、ストレスマネジメントについて学び、対応することは欠かせません。

　ストレスの原因となる刺激をストレッサーといいます。ストレッサーには、離婚や失業といった人生における大きな変化がもたらすできごと、満員電車による通勤や子育てといった日常で経験するできごと、災害や虐待といったトラウマ体験によるできごとなどがあります。人はストレッサーにより刺激を受けることで、心身へのさまざまなストレス反応（身体的反応、心理的反応、行動的反応）を起こし、それに十分に対処できないと、メンタルヘルスの不調や心身症、燃え尽き症候群（P.204参照）につながります。

　長時間のストレッサーや強いストレッサーにより望ましくないストレス反応が生じます。個人がもつストレッサーに対する認知評価や対処能力、それを支える周囲からのサポートによって個人差が生じます。同じ状況にあっても、すべての人が同じ症状や反応を示すわけではありません。

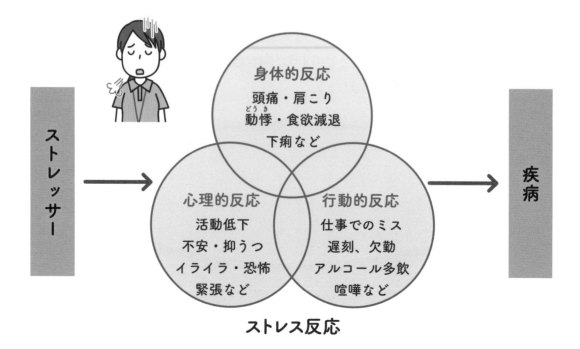

ストレッサー →

身体的反応
頭痛・肩こり
動悸（どうき）・食欲減退
下痢など

心理的反応
活動低下
不安・抑うつ
イライラ・恐怖
緊張など

行動的反応
仕事でのミス
遅刻、欠勤
アルコール多飲
喧嘩など

→ 疾病

ストレス反応

ストレスマネジメントとは

　身体や心に悪影響を起こすストレスに対し、どのように対処しどのようにつき合っていくかを考えることをストレスマネジメントといいます。ストレスマネジメントには、ストレスへの日頃からの備えとストレス反応への対処があります。

ストレス反応への対処

ストレッサーへ直接的にアプローチする
例）上司や同僚などに相談をし、人間関係などの調整や業務量の軽減を図る。など

自身の気持ちや考え方を変化させる
例）自身を正当に評価する。
リラクセーション法を実践する。など

周囲の人たちに助けを求める
例）上司、同僚、家族などに相談をする。
専門相談機関・窓口に相談をする。など

ストレッサーへの日頃からの備え

- 規則正しい生活習慣（適度な運動、睡眠、食事）
- 仕事から離れた趣味をもつ
- リラクセーション法（呼吸法、ヨガなど）、ストレッチ、笑う
- ソーシャルサポートの充実（家族や親しい友人たちとの交流）
- 自身のストレスサイン（心身のSOS）を知っておく　など

POINT

　ストレス過多の状況では、メンタルの不調は誰にでも起こり得るものです。症状の程度が重かったり、長期間続いたりする場合には、専門家（精神科、心療内科）に相談しましょう。ストレスマネジメントは、個人がおこなうセルフケアでは限界があります。組織の管理者が部下のメンタルケアをおこない、職場環境を改善する取り組み（ラインケア）や、ストレスマネジメントが優先される職場の風土づくりも大切となります。

アンガーマネジメント

対人援助職も1人の人間です。怒りの感情をもつこともあるでしょう。そんなとき、どのように
コントロールすればよいのか見ていきましょう。

怒りの感情とは

　対人援助職は、相談者をはじめ、同僚、上司、部下、他職種、他機関など、さまざ
まな他者と関わります。すべての他者と、いつ、どのような場面でも良好なコミュニ
ケーションが取れればよいのですが、自身の感情をコントロールできないこともある
でしょう。

　中でも怒りの感情（アンガー）は誰でももっている当たり前の感情です。他者に対
して怒りの感情をぶつけてしまい、冷静になって振り返ったときに後悔した経験のあ
る人も少なくないのではないでしょうか。

　怒りの感情の仕組みを理解したうえで、自らの怒りの感情をコントロールするのに
有効なのがアンガーマネジメントです。

　怒りの感情は、「〜するべき」「〜が当たり前」といった自らの価値観（コアビリー
フ）が、ある出来事によって裏切られることで生じます。怒りの感情によって生じる
衝動的な言動や行動をコントロールできないことにより、問題解決ができなかったり、
他者との不適切なコミュニケーション、ストレス、さらには暴言・暴力やハラスメン
トを招いてしまいます。

＜怒りが生まれるとき＞

ストレス

不適切な
コミュニケーション

ハラスメント

裏切られる
できごと

怒りの感情

暴言・暴力

コアビリーフ
「〜べき」といった
自らの価値観

アンガーマネジメントとは

アンガーマネジメントとは、1970年代にアメリカで考案された自分の怒りの感情を上手くコントロールするための心理トレーニングです。怒りの感情が生じることを抑え込むのではなく、怒るときには上手に怒る、怒る必要がないときは怒らないためのスキルです。

＜対処方法＞

怒りの感情は、コントロールが可能です。中でも、衝動、思考、行動の３つをコントロールすることが基本的な対処方法となります。

6秒ルール

怒りを感じてから理性が働くまでは6秒といわれています。理性が働くまでの6秒間に、怒りに対して、衝動的に行動することを避けましょう。6秒待っても怒りが静まらないときには、深呼吸をしたり、その場から離れることも効果的です。

1、2、3、4、5、6…

自らの価値観（コアビリーフ）を知る

怒りの感情のきっかけとなる「〜べき」という自らの価値観（コアビリーフ）を知ることが大切です。そのうえで「せめて〜なら許せる」といった条件つきの考え方をもって、自らの許容範囲を広げましょう。

変えられるか否か・重要か否かに分ける

出来事に対して、変えられるか否か、重要か否かに分類します。特に、変えられない・重要でないことには行動せずに、関わることを避けましょう。

参考文献：安藤俊介『はじめての「アンガーマネジメント」実践ブック；自分の「怒り」タイプを知ってコントロールする』(2016)

POINT

対人援助職は、自らの価値観や理想と異なる人たちと接することは少なくありません。対人援助職がアンガーマネジメントを身につけ、怒りの感情をコントロールすることは、仕事でのイライラの原因となるストレスを軽減させたり、他者との関わりにおいてコミュニケーションを円滑にするなどの助けとなります。

燃え尽き症候群の特徴と予防

対人援助職の職業病といわれる燃え尽き症候群（バーンアウト・シンドローム）があります。
一生懸命な人ほど、なりやすいので注意しましょう。

燃え尽き症候群とは

　対人援助職の仕事は、何らかの問題や課題、病気や障がいなどを抱えた相談者を対象とする頭脳労働であり、その思いを聴き続ける感情労働でもあります。そのため、対人援助職は心身ともに疲労することが当然あります。そのため、対人援助職は自身をケアすることが大切になりますが、対人援助職は相談者を前に、自身のケアがおろそかになってしまうことも少なくありません。

　そうした中で生まれたのが対人援助職の職業病といわれる燃え尽き症候群（バーンアウト・シンドローム）です。精力的に仕事をしてきた人が、燃え尽きたように意欲を失い、社会的に適応できなくなってしまう状態をいいます。燃え尽き症候群の背景や特徴的な症状を理解したうえで、その予防法を説明します。

＜燃え尽き症候群の背景＞

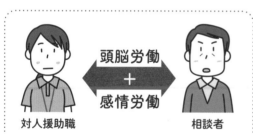

対人援助職自身のケアがおろそかになる

| 仕事に対する理想と現実のギャップが大きい | 仕事人間で、人生を楽しめない |
| 仕事で報われようとする | 相談者と適切な境界線を引くことができない |

＜特徴的な症状＞

- 些細なことに腹が立つ。職場のあちこちで対立する。
- 逃避的な行動が目立つ。会議に遅れたり、休んだりする。
- 出勤時にアルコールの匂いがする。
- 当然にするべきことを、自分がやったと強調する。仕事に疑いをもつ。
- 意欲が減退する。自信を喪失する。人に温かく関われない。
- 抑うつ状態。柔軟さに欠ける。責任を放棄する。　　など

【燃え尽き症候群の予防】

　燃え尽き症候群は、そのしくみを理解し、予防策を講じることで防ぐことができます。燃え尽き症候群の予防について、以下の4つのポイントについて意識しましょう。

①自身を知り、助けを求める

　対人援助職は、常に自らの現在の状況に気づく必要があります。燃え尽き症候群は、誰にでも起こり得ます。働き始め、転職、何かの役職を与えられたときなどは、特に気をつけましょう。

　自分の限界を知り、誰かに助けを求めることも大切です。

②仕事と私生活のバランスと区切り

　仕事中心の生活である場合には、生活スタイルを見直し、ワーク・ライフ・バランスを図ることが大切になります。また、仕事と私生活との区切りをつけましょう。それには、何事もほどほどにし、遊ぶこと、笑うこと、リラックスすることなどが必要です。

③境界線を引く

　対人援助職と相談者との間に、健全な境界線を引くことが必要です。

　引くべき境界には、感情、身体、責任、時間、金銭、性的な境界があります。

④職場全体としての取り組み

　燃え尽き症候群の予防を、個人の課題とはせずに、職場全体としての課題として取り組むことが欠かせません。特に、管理・監督者には、部下に対する安全配慮義務があります。

参考文献：水澤都加佐「対人援助専門職（支援者）の燃え尽き防止（第5部第4章）」救急認定ソーシャルワーカー認定機構研修・テキスト作成委員会編『救急患者支援 地域につなぐソーシャルワーク』(2017)

POINT

　対人援助職の心身の健康があってこそ、より良い実践ができます。適切な予防法を身につけましょう。また、燃え尽き症候群の予防を実践するためには、スーパービジョン（P.206参照）が有効です。

スーパービジョンの機能と役割

スーパービジョンは、対人援助職が指導者から教育を受け、対人援助職としての専門性を向上させ、今後の実践に生かすことです。

スーパービジョンの目的

　スーパービジョンの目的は、指導者であるスーパーバイザー（バイザー）がスーパーバイジー（バイジー）の専門性の向上を通じて、相談者の利益を最大限に引き出し、相談者の抱える問題に対して、より良い解決方法を模索することにあります。また、バイジーの困難感の軽減、働きやすさの向上、仕事のやりがいや満足度の向上、燃え尽き症候群の予防が期待されます。

＜個人スーパービジョンの場合＞

＜スーパービジョンの機能＞

　指導者であるバイザーは、バイジーと肯定的に関わり、管理的・教育的・支持的機能を果たします。目的が達成されるためには3つの機能が必要となります。

❶管理的機能

　バイザーがバイジーの実践の環境をつくり上げ、バイジーが仕事を効果的に成し遂げるために必要な資源を提供する。

❷教育的機能

　バイザーがバイジーに対して実践に必要な専門職としての価値、知識、技術を伝達する。

❸支持的機能

　バイザーがバイジーの仕事に関するストレスに対応し、最善の業務行動に必要な態度と感情を伸ばす。

参考文献：Kadushin,A.& Harkness,D.『Supervision in Social Work 5th Edition』(2014)

＜スーパービジョンの形態＞

　スーパービジョンには、バイザーとバイジーが1対1でおこなう個人スーパービジョン、1人のバイザーと複数のバイジーでおこなうグループスーパービジョン、バイジー同士でおこなうピアスーパービジョンなどさまざまな形態があります。スーパービジョンで取り上げる内容や参加者の人数・経験・立場に応じて、効果的に使い分ける必要があります。

＜スーパービジョンの実践例＞

①バイジーのこれまでの取り組みや工夫を確認する

例）定期的な個人スーパービジョンの導入場面

バイザー

> 最近、少しでも上手くいったり、頑張れたな！と思ったりした実践や相談者との関わりについて教えてください。

②バイジーのストレングス（強み）を見つける

例）バイジーが言葉にならない思いを抱えている場面

> 少しモヤモヤしている事例があるのですが・・・。一緒に振り返ってもらえますか？

バイジー

> モヤモヤしていることに気づけたことが素晴らしいですね！モヤモヤを一緒に紐解いていきましょう。

バイザー

③バイジーの中に解決策を見つける

例）バイジーが困難感を表出している場面

> 相談したい事例があるんです・・・。どう頑張ってもなかなか上手くいかなくて・・・。

バイジー

> 大変な事例を担当しているのですね。これまでに、どのようなことを試してこられましたか？

バイザー

> **POINT**
>
> 　対人援助職には、組織からの承認やバックアップ体制が必要となります。そのため、スーパービジョンは、バイザーのスーパービジョンの技術だけではなく、バイジーの専門職としての尊厳を守り、バイジーをバックアップする組織レベルのスーパービジョン体制の構築が重要となります。

著者略歴

高橋明美（たかはし　あけみ）
文京学院大学人間学部人間福祉学科准教授。明治学院大学大学院社会学研究科社会福祉学専攻博士前期課程修了。社会福祉学修士。社会福祉士。介護支援専門員。都内の社会福祉法人に生活相談員（ソーシャルワーカー）として勤務し、高齢者福祉分野を中心に、20年以上相談援助活動に従事する。

篠原純史（しのはら　あつし）
文京学院大学人間学部人間福祉学科准教授。埼玉県立大学大学院保健医療福祉学研究科保健医療福祉学専攻博士前期課程修了（健康福祉科学修士）。社会福祉士、認定社会福祉士（医療分野）、認定医療ソーシャルワーカー、救急認定ソーシャルワーカー、認定社会福祉士制度スーパーバイザー。

STAFF
イラスト　さややん。
デザイン　谷由紀恵
DTP　　　ハタ・メディア工房株式会社
編集制作　株式会社エディポック
編集担当　山路和彦（ナツメ出版企画）

本書に関するお問い合わせは、書名・発行日・該当ページを明記の上、下記のいずれかの方法にてお送りください。電話でのお問い合わせはお受けしておりません。
・ナツメ社WEBサイトの問い合わせフォーム
　https://www.natsume.co.jp/contact
・FAX（03-3291-1305）
・郵送（下記、ナツメ出版企画株式会社宛て）
なお、回答までに日にちをいただく場合があります。
正誤のお問い合わせ以外の書籍内容に関する解説・個別の相談は行っておりません。
あらかじめご了承ください。

ナツメ社Webサイト
https://www.natsume.co.jp
書籍の最新情報（正誤情報を含む）は
ナツメ社Webサイトをご覧ください。

福祉・介護・医療の現場で役立つ
イラストでわかる対人援助の技術

2024年2月6日　初版発行

著　者　　高橋明美　　　　　　　　　　©Takahashi Akemi, 2024
　　　　　篠原純史　　　　　　　　　　©Shinohara Atsushi, 2024
発行者　　田村正隆
発行所　　株式会社ナツメ社
　　　　　東京都千代田区神田神保町1-52　ナツメ社ビル1F（〒101-0051）
　　　　　電話　03-3291-1257（代表）　FAX　03-3291-5761
　　　　　振替　00130-1-58661
制　作　　ナツメ出版企画株式会社
　　　　　東京都千代田区神田神保町1-52　ナツメ社ビル3F（〒101-0051）
　　　　　電話　03-3295-3921（代表）
印刷所　　広研印刷株式会社

ISBN978-4-8163-7489-0　　　　　　　　　　　　　　　　　Printed in Japan
〈定価はカバーに表示してあります〉
〈落丁・乱丁本はお取り替えします〉
本書の一部または全部を著作権法で定められている範囲を超え、ナツメ出版企画株式会社に無断で複写、複製、転載、データファイル化することを禁じます。